FLÁVIA CAMPOS

COMENTÁRIOS À NOVA LEI DE LICITAÇÕES E CONTRATOS ADMINISTRATIVOS

ATUALIZADO COM OS VETOS DERRUBADOS
PELO CONGRESSO NACIONAL

2021 © Editora Foco

Autor: Flávia Campos
Diretor Acadêmico: Leonardo Pereira
Editor: Roberta Densa
Assistente Editorial: Paula Morishita
Revisora Sênior: Georgia Renata Dias
Capa Criação: Leonardo Hermano
Diagramação: Ladislau Lima e Aparecida Lima
Impressão miolo e capa: GRAFNORTE

Dados Internacionais de Catalogação na Publicação (CIP) de acordo com ISBD

C198c   Campos, Flávia

Comentários à nova lei de licitações e contratos administrativos / Flávia Campos. -Indaiatuba, SP : Editora Foco, 2021.

144 p. ; 17cm x 24cm.

Inclui índice e bibliografia.

ISBN: 978-65-5515-326-2

1. Direito. 2. Direito administrativo. 3. Contratos. 4.Licitações. I. Título.

2021-2302   CDD 342   CDU 342

Elaborado por Odilio Hilario Moreira Junior - CRB-8/9949

Índices para Catálogo Sistemático:

1. Direito administrativo 342
2. Direito administrativo 342

DIREITOS AUTORAIS: É proibida a reprodução parcial ou total desta publicação, por qualquer forma ou meio, sem a prévia autorização da Editora FOCO, com exceção do teor das questões de concursos públicos que, por serem atos oficiais, não são protegidas como Direitos Autorais, na forma do Artigo 8º, IV, da Lei 9.610/1998. Referida vedação se estende às características gráficas da obra e sua editoração. A punição para a violação dos Direitos Autorais é crime previsto no Artigo 184 do Código Penal e as sanções civis às violações dos Direitos Autorais estão previstas nos Artigos 101 a 110 da Lei 9.610/1998. Os comentários das questões são de responsabilidade dos autores.

NOTAS DA EDITORA:

Atualizações e erratas: A presente obra é vendida como está, atualizada até a data do seu fechamento, informação que consta na página II do livro. Havendo a publicação de legislação de suma relevância, a editora, de forma discricionária, se empenhará em disponibilizar atualização futura.

Erratas: A Editora se compromete a disponibilizar no site www.editorafoco.com.br, na seção Atualizações, eventuais erratas por razões de erros técnicos ou de conteúdo. Solicitamos, outrossim, que o leitor faça a gentileza de colaborar com a perfeição da obra, comunicando eventual erro encontrado por meio de mensagem para contato@editorafoco.com.br. O acesso será disponibilizado durante a vigência da edição da obra.

Impresso no Brasil (06.2021) – Data de Fechamento (05.2021)

2021

Todos os direitos reservados à
Editora Foco Jurídico Ltda.
Avenida Itororó, 348 – Sala 05 – Cidade Nova
CEP 13334-050 – Indaiatuba – SP

E-mail: contato@editorafoco.com.br
www.editorafoco.com.br

À Maria Júlia, razão de todo o meu esforço.
Ao Thales, aos meus pais, à minha avó e à minha família, meu porto seguro.

A Maria Júlia, razão de todo o meu esforço.

Ao Thales, aos meus pais, à minha avó e à minha família, meu porto seguro.

APRESENTAÇÃO

As contratações firmadas pela Administração Pública devem, nos termos do art. 37, XXI, CR/88, ser precedidas do processo licitatório, como forma de garantir a isonomia entre os interessados. O processo instituído pela Lei 8.666/93 possibilitou avanços na maneira de contratar da Administração à época, com o objetivo de criar procedimentos burocráticos e evitar o cometimento de fraudes. No entanto, com o passar do tempo, alguns formalismos previstos na referida lei acabaram demonstrando certa inexequibilidade ou criando um enrijecimento da atuação estatal.

Em virtude disso, ao longo dos mais de 20 anos da lei, várias alterações foram realizadas, além de terem sido editadas novas leis, que tratavam de contratações específicas, criando novas regras, como a Lei 10.520/2002 (lei do pregão), a Lei 12.462/2011 (lei do regime diferenciado de contratações – RDC), e até mesmo as Leis 8.987/95 e 11.079/04 (leis que tratam dos contratos de concessão de serviço público), dentre outras. Essas inovações legislativas buscavam atribuir uma maior eficiência ao processo licitatório, sem abrir mão da isonomia necessária.

Em 01 de abril de 2021, enfim, foi sancionada a Lei 14.133/2021, a nova lei de licitações e contratos administrativos, que será analisada na presente obra. A nova lei não só cria novos institutos, como também centraliza outros que já estavam previstos em outras leis, criando-se regras gerais para o processo licitatório.

A busca pela simplificação, a modernização dos procedimentos, a possibilidade de meios alternativos de resolução dos conflitos, a criação de nova modalidade, dentre outras alterações, demonstra que a nova lei busca solucionar defeitos do atual regime legal.

O objetivo da presente obra é tratar dos principais pontos da nova lei, de forma didática e direta, e apontar, quando necessário, as diferenças entre os dispositivos da nova lei e as regras adotadas até o momento pelas demais leis aplicáveis às licitações e contratos administrativos.

SUMÁRIO

APRESENTAÇÃO V

INTRODUÇÃO 1

1. A nova Lei de Licitações 1
2. Entrada em vigor e revogação de outras normas 1
3. Aplicação da nova lei 2

CAPÍTULO 1 – LICITAÇÕES 3

1.1 Objetivos da licitação 3
1.2 Princípios 5
1.3 Objetos da contratação 7
    1.3.1 Alienação e concessão de direito real de uso de bens 7
    1.3.2 Compra, inclusive por encomenda 7
        1.3.2.1 Planejamento das compras 8
    1.3.3 Locação 9
    1.3.4 Concessão e permissão de uso de bem públicos 10
    1.3.5 Prestação de serviços, inclusive os técnico-profissionais especializados ... 11
        1.3.5.1 Terceirização de atividades 11
        1.3.5.2 Serviços técnicos especializados de natureza predominantemente intelectual ... 12
        1.3.5.3 Serviços contínuos e não contínuos 12
    1.3.6 Obras e serviços de arquitetura e engenharia 13
        1.3.6.1 Regimes de execução indireta 13
    1.3.7 Contratações de tecnologia da informação e de comunicação ... 15
1.4 Modalidades de licitação 15
    1.4.1 Concorrência 15
        1.4.1.1 Objeto 15
        1.4.1.2 Procedimento 16
        1.4.1.3 Critérios de julgamento 16

1.4.2	Pregão	16
	1.4.2.1 Objeto	16
	1.4.2.2 Procedimento	17
	1.4.2.3 Critérios de julgamento	17
1.4.3	Concurso	17
	1.4.3.1 Objeto	17
	1.4.3.2 Procedimento	17
	1.4.3.3 Critérios de julgamento	17
1.4.4	Leilão	18
	1.4.4.1 Objeto	18
	1.4.4.2 Procedimento	18
	1.4.4.3 Critérios de julgamento	18
1.4.5	Diálogo competitivo	19
	1.4.5.1 Objeto	19
	1.4.5.2 Procedimento	19
	1.4.5.3 Critérios de julgamento	20
1.5	Critérios de julgamento	20
1.5.1	Menor preço	20
1.5.2	Maior desconto	21
1.5.3	Melhor técnica ou conteúdo artístico	21
1.5.4	Técnica e preço	22
1.5.5	Maior lance, no caso de leilão	23
1.5.6	Maior retorno econômico	23
1.6	Processo licitatório	24
1.6.1	Agentes públicos	24
	1.6.1.1 Agente de contratação	25
	1.6.1.2 Atuações vedadas aos agentes públicos	26
1.6.2	Regras no processo licitatório	27
1.6.3	Impedidos de participar do processo licitatório	28
1.6.4	Participação de consórcio em licitação	29
1.6.5	Participação de cooperativa em licitação	31
1.7	Fases do processo licitatório	31
1.7.1	Fase preparatória	32

	1.7.1.1	Elementos da fase preparatória	32
	1.7.1.2	Audiência pública ou consulta pública	34
	1.7.1.3	Matriz de alocação de riscos	34
	1.7.1.4	Edital da licitação	35
1.7.2		Divulgação do edital de licitação	37
	1.7.2.1	Impugnação do edital de licitação	38
1.7.3		Apresentação de propostas e lances	38
1.7.4		Julgamento das propostas	40
1.7.5		Habilitação	42
	1.7.5.1	Apresentação dos documentos de habilitação	43
	1.7.5.2	Habilitação jurídica	44
	1.7.5.3	Habilitação técnica	44
	1.7.5.4	Habilitação fiscal, social e trabalhista	46
	1.7.5.5	Habilitação econômico-financeira	46
1.7.6		Fase recursal	47
1.7.7		Homologação (Encerramento da licitação)	48
1.8		Contratação direta	49
1.8.1		Inexigibilidade de licitação	50
1.8.2		Dispensa de licitação	52
	1.8.2.1	Licitação dispensável em virtude do valor – Art. 75, I e II	52
	1.8.2.2	Licitação deserta e/ou fracassada	53
	1.8.2.3	Objetos que possibilitam a dispensa	54
	1.8.2.4	Incentivos à inovação, pesquisa científica e tecnológica	57
	1.8.2.5	Comprometimento da segurança nacional	57
	1.8.2.6	Guerra, estado de defesa, estado de sítio, intervenção federal ou grave perturbação da ordem	58
	1.8.2.7	Emergência ou calamidade pública	58
	1.8.2.8	Contratação de órgãos ou entidades da Administração Pública	59
	1.8.2.9	Intervenção no domínio econômico	59
	1.8.2.10	Consórcios públicos ou convênios de cooperação	59
	1.8.2.11	Transferência de tecnologia para o SUS	60
	1.8.2.12	Banca responsável por fazer o julgamento de critérios de técnica em licitação	60

	1.8.2.13	Associação de pessoas com deficiência	61
	1.8.2.14	Insumos estratégicos para a saúde	61
1.8.3	Licitação dispensada		62
1.9	Alienações		62
1.9.1	Alienação de bens imóveis		62
	1.9.1.1	Licitação dispensada	63
1.9.2	Alienação de bens móveis		66
	1.9.2.1	Licitação dispensada	66
1.9.3	Outras observações		67
1.10	Procedimentos auxiliares		67
1.10.1	Credenciamento		68
	1.10.1.1	Regras a serem seguidas para o credenciamento	69
	1.10.1.2	Inexigibilidade de licitação	69
1.10.2	Pré-qualificação		69
	1.10.2.1	Regras a serem seguidas na pré-qualificação	70
1.10.3	Procedimento de Manifestação de Interesse (PMI)		71
	1.10.3.1	Regras a serem seguidas no Procedimento de Manifestação de Interesse	71
1.10.4	Sistema de Registro de Preços		72
	1.10.4.1	Possibilidade de utilização do Registro de Preços	73
	1.10.4.2	Regras do edital do Registro de Preços	74
	1.10.4.3	Procedimento a ser seguindo no Registro de Preços	76
	1.10.4.4	Prazo de vigência	77
1.10.5	Registro cadastral		77
1.11	Licitações internacionais		79

CAPÍTULO 2 – CONTRATOS ADMINISTRATIVOS 81

2.1	Formalização dos contratos	81
2.1.1	Convocação para assinatura do contrato	81
2.1.2	Forma dos contratos	83
2.1.3	Cláusulas necessárias no contrato	83
2.1.4	Cessão dos direitos patrimoniais	87
2.1.5	Divulgação do contrato	88
2.1.6	Obrigatoriedade do instrumento de contrato	88

2.2	Exigência de garantias	89
	2.2.1 Valor da garantia	90
	2.2.2 Liberação e restituição da garantia	90
	2.2.3 Perda da garantia	91
2.3	Alocação de riscos	91
2.4	Duração dos contratos	92
2.5	Execução dos contratos	95
	2.5.1 Impedimento, paralisação ou suspensão do contrato	95
	2.5.2 Fiscalização do contrato	96
	2.5.3 Vícios, defeitos ou incorreções na execução do contrato	96
	2.5.4 Responsabilidade pelos encargos trabalhistas, previdenciários, fiscais e comerciais	97
	2.5.5 Subcontratação	98
2.6	Prerrogativas da administração	98
2.7	Alteração dos contratos e dos preços	99
	2.7.1 Alteração unilateral do contrato	99
	2.7.2 Alteração do contrato por acordo entre as partes	100
	2.7.3 Normas relativas à alteração do contrato	101
	2.7.4 Alteração dos preços	102
2.8	Extinção dos contratos administrativos	103
	2.8.1 Hipóteses de extinção	103
	2.8.2 Extinção unilateral do contrato	104
	2.8.3 Extinção consensual do contrato	105
	2.8.4 Extinção do contrato por decisão arbitral ou por decisão judicial	106
2.9	Recebimento do objeto do contrato	106
2.10	Pagamento do contrato	107
	2.10.1 Pagamento antecipado	108
2.11	Nulidade dos contratos	109
2.12	Meios alternativos de resolução de controvérsias	111

CAPÍTULO 3 – IRREGULARIDADES NA LICITAÇÃO OU NO CONTRATO ADMINIS-TRATIVO 113

3.1	Infrações e sanções administrativas	113
	3.1.1 Infrações no processo licitatório ou contrato administrativos	113

	3.1.2	Sanções administrativas	114
	3.1.3	Procedimento para aplicação das penalidades	115
	3.1.4	Reabilitação do licitante ou contratado	117
3.2	Impugnações, pedidos de esclarecimento e recursos		117
	3.2.1	Impugnação ao edital e pedido de esclarecimentos	117
	3.2.2	Recursos administrativos	118
3.3	Controle das contratações		119

CAPÍTULO 4 – PORTAL NACIONAL DE CONTRATAÇÕES PÚBLICAS 123

CAPÍTULO 5 – ALTERAÇÕES LEGISLATIVAS REALIZADAS PELA LEI 14.133/2021 127

CAPÍTULO 6 – DISPOSIÇÕES TRANSITÓRIAS E FINAIS 129

6.1	Centrais de compras	129
6.2	Atualização dos valores fixados na lei	129
6.3	Contagem dos prazos previstos na lei	129
6.4	Aplicação da lei	130
6.5	Escolha da lei a ser aplicada	130

INTRODUÇÃO

1. A NOVA LEI DE LICITAÇÕES

A nova lei de licitações e contratos administrativos há muito era aguardada, visto que muitos dos procedimentos da Lei 8.666/93 eram muito burocráticos em comparação com outras normas que tratavam do tema.

A Lei 14.133/2021, publicada em 1º de abril de 2021, traz importâncias alterações em comparação com a Lei 8.666/93, estabelecendo normas gerais de licitações em contratos administrativos. Algumas dessas alterações já eram previstas em outras normas, como a Lei do Pregão (Lei 10.520/02), Lei do Regime Diferenciado de Contratação (Lei 12.462/2011) ou o Estatuto das empresas públicas e sociedades de economia mista (Lei 13.303/16).

A nova lei, portanto, inova seja criando institutos que até então não estavam presentes no nosso ordenamento jurídico, seja aproveitando procedimentos já previstos em outras normas. De toda maneira, é uma importante norma que entre em vigor, devendo ser analisada com cuidado.

Ao longo do livro, faremos comparações entre a nova lei e a lei 8.666/93, por meio de quadros ao longo do texto, principalmente porque, como será analisado a seguir, as duas normas terão vigência simultânea durante dois anos, portanto, é importante estudar as duas normas, assim como as demais que não foram revogadas ainda.

2. ENTRADA EM VIGOR E REVOGAÇÃO DE OUTRAS NORMAS

O art. 194 da Lei 14.133/2021 estabelece que a nova lei entra em vigor na data de sua publicação, ou seja, em 1º de abril de 2021. Na mesma data, o art. 193, I determina que ficam revogados os arts. 89 a 108 da Lei 8.666/93, que estabelecem os crimes e as penas relativos à licitações e contratos administrativos, assim como o processo e procedimento judicial que devem ser adotados.

No entanto, o art. 193, II prevê que os demais dispositivos da Lei 8.666/93 só serão revogados no prazo de 2 anos depois da publicação da nova lei. Também se revogam apenas depois de 2 anos a Lei 10.520/02 (Lei do Pregão) e arts. 1º a 47-A da Lei 12.462/11 (Regime Diferenciado de Contratação).

Assim, durante 2 anos terão vigência, ao mesmo tempo, dois "sistemas" de licitações e contratos administrativos: de um lado, a nova lei de licitações, de outro, as antigas leis que continuarão em vigor durante 2 anos.

De acordo com o art. 191, até o decurso deste prazo de 2 anos, a Administração poderá optar por licitar ou contratar diretamente de acordo com a nova Lei ou de acordo com demais leis já citadas. Essa opção escolhida deverá ser indicada expressamente no edital ou no aviso ou instrumento de contratação direta, ficando vedada a aplicação combinada da nova lei com as demais leis.

Ainda, o parágrafo único do art. 191 determina que caso a Administração faça a opção por licitar de acordo com as leis que já existiam anteriormente, o contrato respectivo será regido pelas regras nelas previstas durante toda a sua vigência.

3. APLICAÇÃO DA NOVA LEI

A nova lei de licitações e contratos administrativos estabelece normas gerais que devem ser aplicadas para a Administração direta, autárquica e fundacional de todos os entes federativos, inclusive para os órgãos dos Poderes Legislativo e Judiciário, quando no exercício da função administrativa, fundos especiais e demais entidades controladas direta ou indiretamente pela Administração Pública. Vale ressaltar que suas regras, nos termos do art. 1º, § 1º, não se aplicam às empresas públicas, sociedades de economia mista e suas subsidiárias, que têm suas licitações reguladas pela Lei 13.303/2016 (principalmente nos arts. 28 a 84).

> Essa é uma diferença com a Lei 8.666/93, que traz regras para as empresas estatais, já que quando foi editada, não havia a Lei 13.303/16.

É possível que repartições da Administração estejam sediadas no exterior, caso em que, de acordo com o art. 1º, § 2º, elas devem obedecer às peculiaridades locais e os princípios básicos estabelecidos na lei, na forma de regulamentação específica a ser editada por ministro de Estado.

Por fim, quando as licitações e contratações envolverem recursos provenientes de empréstimo ou doação de agência oficial de cooperação estrangeira ou de organismo financeiro do qual o Brasil seja parte, é possível que sejam exigidas outras condições, desde que de acordo com os § § 3º e 4º do art. 1º da Lei 14.133/2021.

CAPÍTULO 1
LICITAÇÕES

1.1 OBJETIVOS DA LICITAÇÃO

> Os objetivos da licitação, na Lei 8.666/93, estão no art. 3º: isonomia, busca da proposta mais vantajosa e desenvolvimento nacional sustentável.

O art. 11 estabelece os objetivos do processo licitatório:

- I – Seleção da proposta apta a gerar o resultado de contratação mais vantajoso para a Administração, inclusive no que se refere ao ciclo de vida do objeto.

    Com base no critério de julgamento previsto no edital da licitação (conforme art. 33 e seguintes), será selecionada a melhor proposta de licitação, que não necessariamente será o melhor preço.

    A lei faz referência expressa ao ciclo de vida, pois a proposta mais vantajosa não é simplesmente, por exemplo, analisar o preço do bem no momento em que ele vai ser adquirido, e sim todas as vantagens e desvantagens ao longo de toda a vida útil do bem.

- II – Tratamento isonômico entre os licitantes, bem como a justa competição.

    Os licitantes devem ser tratados, em princípio, com igualdade entre eles, inclusive, o princípio da igualdade é um dos princípios elencados no art. 5º da lei. No entanto, o tratamento isonômico é tido expressamente como um dos objetivos da licitação, pois é possível, em determinada medida, o tratamento desigual, a licitantes que se encontram em situação de desigualdade ao participarem de uma licitação. O art. 4º da Lei prevê que aplicam-se as regras dos arts. 42 a 49 da Lei Complementar 123/06, que trazem um tratamento diferenciado para as microempresas e empresas de pequeno porte quando participam de licitação, desde que respeitadas as condições previstas no artigo.

- III – Evitar contratações com o sobrepreço ou com preços manifestamente inexequíveis e superfaturamento na execução dos contratos.

    O art. 6º, LVI, considera como sobrepreço o preço orçado para licitação ou contratado em valor expressivamente superior aos preços referenciais de mercado.

Já o inciso LVII do mesmo artigo estabelece o superfaturamento como o dano provocado ao patrimônio da Administração, e prevê as situações que podem caracterizá-lo, como, por exemplo, medição de quantidades superiores às fornecidas, deficiência na execução da obra ou serviço de engenharia, prorrogação injustificada do prazo contratual com custos adicionais para a Administração etc.

Por fim, são considerados preços manifestamente inexequíveis quando são baixos demais, ou seja, o contratado não conseguiria executar o contrato, de forma satisfatória, com um valor tão baixo. O art. 59, § 4º, da lei, por exemplo, estabelece que, no caso de obras e serviços de engenharia, serão consideradas inexequíveis as propostas cujos valores forem inferiores a 75% do valor orçado pela Administração.

• IV – Incentivar a inovação e o desenvolvimento nacional sustentável.

O desenvolvimento nacional sustentável aparece tanto no art. 11 como objetivo da licitação, como também no art. 5º como um princípio que deve ser observado no procedimento licitatório. Além do desenvolvimento nacional agora a licitação deve ter como objetivo incentivar a inovação.

O incentivo ao desenvolvimento nacional sustentável possibilita a previsão, no art. 26, da margem de preferência a:

> A margem de preferência, na Lei 8.666/93, está prevista no art. 3º, § § 5º a 10, e será definida pelo Poder Executivo e não poderá ultrapassar 25%.

I. bens manufaturados e serviços nacionais que atendam a normas técnicas brasileiras.

II. bens reciclados, recicláveis ou biodegradáveis, conforme regulamento.

São serviços nacionais aqueles serviços prestados em território nacional, nas condições estabelecidas pelo Poder Executivo Federal (art. 6º, XXXVI) e produto manufaturado nacional é aquele produto manufaturado produzido no território nacional de acordo com o processo produtivo básico ou com as regras de origem estabelecidas pelo Poder Executivo federal (art. 6º, XXXVII).

Nos termos do art. 26, § 1º, a margem de preferência poderá ser de até 10% e poderá ser estendida a bens manufaturados e serviços originários de Estados Partes do Mercosul, desde que haja reciprocidade com o país prevista em acordo internacional aprovado pelo Congresso Nacional e ratificado pelo Presidente da República.

Como forma de incentivo à inovação, o § 2º do art. 26 prevê que para os bens manufaturados nacionais e serviços nacionais resultantes de desenvolvimento e inovação tecnológica no pais, conforme regulamento do Poder Executivo Federal, a margem de preferência poderá ser de até 20%.

1.2 PRINCÍPIOS

O art. 5º da lei estabelece quais são os princípios que devem ser observados na aplicação da lei. Além dos princípios já conhecidos do Direito Administrativos, como *legalidade, impessoalidade, moralidade, publicidade, eficiência, interesse público, probidade administrativa, motivação, segurança jurídica, razoabilidade, proporcionalidade, celeridade, economicidade, eficácia e segurança jurídica* é interessante chamar atenção para alguns princípios previstos expressamente no referido artigo que têm aplicação específica nas licitações. Vejamos:

> Os princípios do interesse público, planejamento, transparência, eficácia, segregação de funções, motivação, segurança jurídica, razoabilidade, competitividade, proporcionalidade, celeridade, economicidade e desenvolvimento nacional sustentável não aparecem expressamente no art. 3º da Lei 8.666/93 como princípios.

* Moralidade

O princípio da moralidade estabelece que o agente público deve atuar de forma ética, de boa-fé. Ao ser aplicado ao processo licitatório, significa dizer que o agente público responsável pela licitação deve atuar sempre de forma moral.

O art. 20 da Lei 14.133/2021 estabelece que os itens de consumo adquiridos para suprir as demandas das estruturas da Administração Pública deverão ser de qualidade comum, não superior à necessária para cumprir as finalidades às quais se destinam, vedada a aquisição de artigos de luxo. A vedação de aquisição de itens de luxo demonstra, claramente, a busca da moralidade administrativa.

* Igualdade

A licitação visa, nos termos do art. 37, XXI, da CR/88, garantir igualdade de condições a todos os concorrentes. No entanto, importante ressaltar que essa igualdade deve se basear na ideia de isonomia, possibilitando um tratamento diferenciado em determinadas situações. Como já mencionado, o art. 4º prevê tratamento diferenciado às microempresas e empresas de pequeno porte nas licitações e contratos disciplinados pela lei.

* Planejamento

As licitações e contratações da Administração Pública devem ser planejadas, como forma de garantir uma atuação organizada da Administração. A lei traz alguns instrumentos que possibilitam o planejamento, como o estudo técnico preliminar (art. 6º, XX) e o plano de contratação anual (art. 12, VII), que serão analisados em momento oportuno.

* Transparência

Como forma de se garantir o princípio da publicidade, deve-se garantir, ao máximo, a transparência na atuação da Administração. As divulgações dos editais de licitações do Portal Nacional de Contratações Públicas (PNCP) prevista no art. 54 é uma forma de garantir essa transparência.

- Segregação de funções

De acordo com o art. 7º, § 1º, é vedada a designação do mesmo agente público para atuação simultânea, na licitação, em funções mais suscetíveis a riscos, de modo a reduzir a possibilidade de ocultação de erros e de ocorrência de fraudes na contratação. Isso porque quando o mesmo agente público fica responsável por diversas atuações no mesmo processo licitatório, fica mais fácil a ocultação de alguma atuação ilegal.

- Vinculação ao edital

Tanto a Administração quando os licitantes devem respeitar as regras previstas no edital de licitação.

> O art. 3º da Lei 8.666/93 fala em "vinculação ao instrumento convocatório" pois a modalidade convite tinha como instrumento convocatório a carta-convite. No entanto, a Lei 14.133/2021 não traz mais a modalidade convite. Assim, na nova lei o instrumento convocatório será o edital.

- Julgamento objetivo

A licitação deve adotar um critério objetivo de julgamento, para a seleção da proposta apta a gerar o resultado mais vantajoso para a Administração. O art. 33 elenca os critérios de julgamento que podem ser adotados, que serão analisados posteriormente.

- Competitividade

Não devem ser adotadas medidas ou critérios que restrinjam a participação ou o caráter competitivo na licitação. Para garantir a competitividade a lei prevê, por exemplo, que as compras o planejamento das compras deverá atender ao princípio do parcelamento (art. 40, V, b, Lei 14.133/2021), possibilitando que, quando tecnicamente viável e economicamente vantajoso, as compras deverão ser divididas em lotes. Da mesma maneira, a contratação de serviços também poderá ser parcelada, como uma forma de se garantir a competitividade (art. 47, § 1º, III).

- Desenvolvimento nacional sustentável

É tanto um objetivo da licitação quanto um princípio a ser seguido. Visa a utilização do processo licitatório para incentivar o desenvolvimento nacional sustentável.

Além de todos os princípios já analisados, o art. 5º prevê que devem ser aplicadas as disposições do Decreto-Lei 4.657/1942, que é a Lei de Introdução às Normas do Direito Brasileiro.

1.3 OBJETOS DA CONTRATAÇÃO

De acordo com o art. 2º da Lei 14.133/2021, a lei deve ser aplicada às seguintes contratações:

- I – alienação e concessão de direito real de uso de bens;
- II – compra, inclusive por encomenda;
- III – locação;
- IV – concessão e permissão de uso de bens públicos;
- V – prestação de serviços, inclusive os técnico-profissionais especializados;
- VI – obras e serviços de arquitetura e engenharia;
- VII – contratações de tecnologia da informação e de comunicação.

Serão analisadas, a seguir, todos estes objetos de contratação e os dispositivos da nova lei que trazem regras sobre eles.

1.3.1 Alienação e concessão de direito real de uso de bens

A alienação de bens é a "transferência de sua propriedade a terceiros, quando há interesse público na sua transferência e desde que observadas as normas legais pertinentes"[1]. Em regra, a alienação de bens da Administração deve ser precedida de licitação, sendo que tal previsão se encontra nos arts. 76 e 77 da Lei 14.133/2021, que serão analisados em momento oportuno.

> A alienação de bens está prevista nos arts. 17 a 19 da Lei 8.666/93.

Apesar da regra do processo licitatório, importante ressaltar que serão cabíveis exceções, em que a licitação será dispensada, que serão tratadas dentre as hipóteses de contratação direta.

Da mesma maneira, deve ser precedida da licitação a concessão de direito real de uso de bens públicos. A concessão de direito real de uso é "o contrato administrativo pelo qual o Poder Público confere ao particular o direito real resolúvel de uso de terreno público ou sobre o espaço aéreo que o recobre"[2], sendo regulada pelo Decreto-Lei 271/1967.

1.3.2 Compra, inclusive por encomenda

Nos termos do art. 6º, X, é considerada compra a aquisição remunerada de bens para fornecimento de uma só vez ou

> As compras, na Lei 8.666/93, são tratadas nos arts. 14 a 16.

---

1. É o conceito de José dos Santos Carvalho Filho, *Manual de Direito Administrativo*, 33. ed. 2019, p. 1.281.
2. CARVALHO FILHO, José dos Santos, Manual de Direito Administrativo, 33. ed. 2019, p. 1.267.

parceladamente, considerada como compra imediata aquela com prazo de entrega de até 30 (trinta) dias da ordem de fornecimento.

As compras estão previstas nos arts. 40 a 44 da Lei 14.133/2021.

1.3.2.1 Planejamento das compras

De acordo com o art. 40, o planejamento de compras do órgão ou entidade deverá considerar a expectativa de consumo anual, observando, entre outros:

- Processamento por meio de sistema de registro de preços, quando pertinente

- Condições de guarda e armazenamento que não permitam a deterioração do material

- Atendimento aos princípios da padronização, do parcelamento e da responsabilidade fiscal.

> O sistema de registro de preços já estava previsto no art. 15, II, Lei 8.666/93, que era regulamentado pelo Decreto 7.892/2013. A Lei 14.133/2021 trata do Registro de Preços como instrumento auxiliar da licitação, nos termos dos arts. 82 a 86.

O princípio da padronização considera a compatibilidade de especificações estéticas, técnicas ou de desempenho. Isso porque pode ser necessário que a Administração estabeleça padronização, por exemplo, entre bens a serem adquiridos. De acordo com o art. 43, o processo de padronização deverá conter:

I – parecer técnico sobre o produto, considerados especificações técnicas e estéticas, desempenho, análise de contratações anteriores, custo e condições de manutenção e garantia;

II – despacho motivado da autoridade superior, com a adoção do padrão;

III – síntese da justificativa e descrição sucinta do padrão definido, divulgadas em sítio eletrônico oficial.

É permitida, inclusive, nos termos do § 1º, que um órgão ou entidade decida, de forma motivada, pela adesão à padronização realizada em processo de outro órgão ou entidade de nível federativo igual ou superior ao do órgão adquirente, indicando a necessidade da Administração e os riscos decorrentes dessa decisão, divulgando em sítio eletrônico oficial. Assim, um órgão do Estado pode, por exemplo, aderir ao processo de padronização elaborado por outro órgão, desde que de forma motivada.

Ainda, como forma de se garantir a padronização, o art. 41, I, possibilita nas licitações que envolvam fornecimento de bens, excepcionalmente, indicação de uma ou mais marcas ou modelos, desde que formalmente justificado, como forma, por exemplo, de padronização do objeto.

> A Lei 8.666/93, no art. 15, § 7º, I, determina que, nas compras, será necessária a especificação completa do bem a ser adquirido sem a indicação de marca.

Uma inovação da nova lei de licitações é a necessidade de criação de um catálogo eletrônico de padronização de compras, serviços e obras, que, nos termos do art. 6º, LI, será um sistema informatizado, de gerenciamento centralizado e com indicação de preços, destinado a permitir a padronização de itens a serem adquiridos pela Administração Pública e que estarão disponíveis para a licitação. De acordo com o art. 19, II, é admitida adoção do catálogo do Poder Executivo federal por todos os entes federativos.

O art. 19, § 1º o catálogo eletrônico de padronização poderá ser utilizado em licitações cujo critério de julgamento seja o de menor preço ou o de maior desconto e conterá toda a documentação e os procedimentos próprios da fase interna de licitações, assim como as especificações dos respectivos objetos, conforme disposto em regulamento.

Ainda, o art. 19, § 2º, estabelece que a não utilização do catálogo eletrônico de padronização deverá ser justificada por escrito e anexada ao respectivo processo licitatório.

Outro princípio a ser respeitado no planejamento de compras, nos termos do já referido art. 40, é o princípio do parcelamento, quando for tecnicamente viável e economicamente vantajoso. Assim, quando for possível a divisão do objeto a ser adquirido em lotes, como forma de garantir uma ampliação da competição e evitar a concentração das compras em um só fornecedor.

> O art. 15, IV e § 1º da Lei 8.666/93 traz a previsão de que as compras devem ser subdivididas em tantas parcelas quantas necessárias para aproveitar as peculiaridades do mercado, visando a economicidade.

O parcelamento ocorrerá quando preenchidas as condições do art. 40, § 2º e não poderá ocorrer nas hipóteses do § 3º, como, por exemplo, quando a economia de escala recomendar a compra do item do mesmo fornecedor, quando o objeto a ser contratado configurar sistema único e integrado, ou, ainda, quando o processo de padronização ou escolha levar a fornecedor exclusivo.

O terceiro princípio a ser respeitado no planejamento de compras, nos termos do art. 40, é o princípio da responsabilidade fiscal, mediante a comparação da despesa estimada com a prevista no orçamento.

Por fim, o art. 41 prevê atuações excepcionais da Administração, como indicar marcas (como já analisado anteriormente), exigir amostra ou prova de conceito do bem, vedar a contratação de marca ou produto, quando, mediante processo administrativo, restar comprovado que produtos adquiridos e utilizados anteriormente pela Administração não atendem a requisitos indispensáveis ao pleno adimplemento da obrigação contratual, entre outros.

1.3.3 Locação

A locação pode ser tanto de bens móveis quanto de bens imóveis e deverá ser, em regra, precedida de licitação em ambos os casos.

De acordo com o art. 44, quando houver a possibilidade de compra ou de locação de bens, o estudo técnico preliminar deverá considerar os custos e os benefícios de cada opção, com indicação da alternativa mais vantajosa. Ou seja, quando for possível atender o interesse da Administração tanto através da compra quanto através da locação, deverão ser apresentados os benefícios das duas hipóteses.

Ainda, o art. 51 estabelece que, ressalvado o disposto no inciso V do caput do art. 74 desta Lei, a locação de imóveis deverá ser precedida de licitação e avaliação prévia do bem, do seu estado de conservação, dos custos de adaptações e do prazo de amortização dos investimentos necessários. O art. 74 será tratado oportunamente, pois estabelece as hipóteses de licitação inexigível.

1.3.4 Concessão e permissão de uso de bem públicos

A Lei 14.133/2021 prevê, como visto, no art. 2º, IV, a sua aplicação para concessão e permissão de uso de bem públicos. De fato, a concessão de uso de bem público, forma de uso privativo de bem público, é contrato administrativo, devendo ser precedida de licitação, aplicável, portanto, a Lei 14.133/2021.

No entanto, vale ressaltar que, de acordo com a doutrina, a permissão de uso de bem público não é contrato administrativo, e sim ato administrativo pelo qual a Administração consente com a utilização de um bem público por um particular. Com relação à exigência de licitação, José dos Santos Carvalho Filho afirma que "deve entender-se necessária sempre que for possível e houver mais de um interessado na utilização do bem, evitando-se favorecimentos ou preterições ilegítimas. Em alguns casos especiais, porém, a licitação será inexigível, como, por exemplo, a permissão de uso de calçada em frente a um bar, restaurante ou sorveteria".[3]

Vale ressaltar que, apesar de não citados no art. 2º, os contratos de concessão e permissão de serviços públicos serão precedidos de licitação, nos termos da Lei 8.987/95. Esta lei, inclusive, foi alterada pelo art. 179 da Lei 14.133/2021.

O art. 2º, II, da Lei 8.987/95 passa a prever que a concessão de serviço público será a delegação de sua prestação, feita pelo poder concedente, mediante licitação, na modalidade concorrência ou diálogo competitivo, a pessoa jurídica ou consórcio de empresas que demonstre capacidade para seu desempenho, por sua conta e risco e por prazo determinado.

> Os incisos II e III do art. 2º da Lei 8.987/95 estabelecem apenas a modalidade de licitação concorrência para os contratos de concessão.

Por outro lado, o art. 2º, III, da Lei 8.987/95 passa a prever que a concessão de serviço público precedida da execução de obra pública será a construção, total ou parcial, conservação, reforma, ampliação ou melhoramento de quaisquer obras de interesse público, delegados pelo poder concedente, mediante licitação, na modalidade concorrência ou diálogo competitivo, a pessoa jurídica ou consórcio de empresas que demonstre capacidade para a sua realização, por sua conta e risco, de

---

3. CARVALHO FILHO, José Santos. *Manual de Direito Administrativo*, 33. ed., 2019, p. 1.264.

CAPÍTULO 1 • LICITAÇÕES

forma que o investimento da concessionária seja remunerado e amortizado mediante a exploração do serviço ou da obra por prazo determinado.

Da mesma maneira, o art. 10 da Lei 11.079/04, que trata da parceria público privada, espécie de contrato de concessão de serviço público, passa a estabelecer, de acordo com o art. 180 da Lei 14.133/2021, que a contratação de parceria público-privada será precedida de licitação na modalidade concorrência ou diálogo competitivo.

1.3.5 Prestação de serviços, inclusive os técnico-profissionais especializados

O art. 6º, XI considera como serviço a atividade ou conjunto de atividades destinadas a obter determinada utilidade, intelectual ou material, de interesse da Administração.

De acordo com o art. 47, as licitações de serviços atenderão aos princípios da padronização, considerada a compatibilidade de especificações estéticas, técnicas ou de desempenho; e do parcelamento, quando for tecnicamente viável e economicamente vantajoso.

Com relação ao parcelamento, o § 1º do art. 47 estabelece que, na aplicação do princípio do parcelamento, deverão ser considerados a responsabilidade técnica, o custo para a Administração de vários contratos frente às vantagens de redução de custos, com divisão do objeto em itens; e o dever de buscar a ampliação da competição e de evitar a concentração de mercado.

Ainda, o art. 49 prevê ainda que a Administração poderá contratar mais de uma empresa para executar o mesmo serviço, mediante justificativa expressa, desde que não implique perda na economia de escala, for conveniente para a Administração e o objeto da contratação puder ser executado de forma concorrente e simultânea por mais de um contratado.

1.3.5.1 Terceirização de atividades

O art. 48 traz previsão importante com relação à possibilidade de terceirização de atividades materiais acessórias, instrumentais ou complementares aos assuntos que constituam a área de competência prevista em lei do órgão ou entidade, trazendo, em seus incisos, vedações importantes com relação à terceirização, como, por exemplo:

- indicar pessoas expressamente nominadas para executar direta ou indiretamente o objeto contratado;
- fixar salário inferior ao definido em lei ou em ato normativo a ser pago pelo contratado;
- estabelecer vínculo de subordinação com funcionário de empresa prestadora de serviço terceirizado;
- definir forma de pagamento mediante exclusivo reembolso dos salários pagos;

- demandar a funcionário de empresa prestadora de serviço terceirizado a execução de tarefas fora do escopo do objeto da contratação;

- prever em edital exigências que constituam intervenção indevida da Administração na gestão interna do contratado.

Ainda com relação à terceirização de atividades-meio da Administração, o art. 48, parágrafo único, proíbe que a empresa terceirizada, durante a vigência do contrato, contrate cônjuge, companheiro ou parente em linha reta, colateral ou por afinidade, até o terceiro grau, de dirigente do órgão ou entidade contratante ou de agente público que desempenhe função na licitação ou atue na fiscalização ou na gestão do contrato, devendo essa proibição constar expressamente do edital de licitação.

1.3.5.2 Serviços técnicos especializados de natureza predominantemente intelectual

O art. 6º, XVIII estabelece quais são os serviços técnicos especializados de natureza predominantemente intelectual, que serão aqueles realizados em trabalhos relativos a:

> Basicamente, são os mesmos serviços chamados de serviços técnicos profissionais especializados pelo art. 13 da Lei 8.666/93, com a inclusão dos serviços da alínea "h" do art. 6º, XVIII, da Lei 14.133/2021.

a) estudos técnicos, planejamentos, projetos básicos e projetos executivos;

b) pareceres, perícias e avaliações em geral;

c) assessorias e consultorias técnicas e auditorias financeiras e tributárias; d) fiscalização, supervisão e gerenciamento de obras e serviços;

e) patrocínio ou defesa de causas judiciais e administrativas;

f) treinamento e aperfeiçoamento de pessoal;

g) restauração de obras de arte e de bens de valor histórico;

h) controles de qualidade e tecnológico, análises, testes e ensaios de campo e laboratoriais, instrumentação e monitoramento de parâmetros específicos de obras e do meio ambiente e demais serviços de engenharia que se enquadrem na definição deste inciso.

1.3.5.3 Serviços contínuos e não contínuos

Ainda com relação aos serviços, importante diferenciar os serviços contínuos e não contínuos.

De acordo com o art. 6º, XV, são considerados serviços e fornecimentos contínuos contratados pela Administração Pública para a manutenção da atividade administrativa, decorrentes de necessidades permanentes ou prolongadas.

É possível que o serviço contínuo seja com regime de dedicação exclusiva de mão de obra, nos termos do art. 6º, XVI, em que os empregados do contratado ficam à disposição nas dependências do contratante para a prestação dos serviços; o contratado não compartilhe os recursos humanos e materiais disponíveis de uma contratação para execução simultânea de outros contratos; e o contratado possibilita a fiscalização pelo contratante quanto à distribuição, controle e supervisão dos recursos humanos alocados aos seus contratos.

Por fim, os serviços não contínuos, ou contratados por escopo, art. 6º, XVII, são aqueles que impõem ao contratado o dever de realizar a prestação de um serviço específico em período predeterminado, podendo ser prorrogado, desde que justificadamente, pelo prazo necessário à conclusão do objeto.

1.3.6 Obras e serviços de arquitetura e engenharia

A Lei 14.133/2021 considera como obra, em seu art. 6º, XII, toda atividade estabelecida, por força de lei, como privativa das profissões de arquiteto e engenheiro que implica intervenção no meio ambiente por meio de um conjunto harmônico de ações que, agregadas, formam um todo que inova o espaço físico da natureza ou acarreta alteração substancial das características originais de bem imóvel.

Já o serviço de engenharia é conceituado no art. 6º, XXI, toda atividade ou conjunto de atividades destinadas a obter determinada utilidade, intelectual ou material, de interesse para a Administração, que seja privativa das profissões de arquiteto e engenheiro ou de técnicos especializados, e não se enquadre no conceito de obra.

Ainda de acordo com o art. 6º, XXI, o serviço de engenharia pode ser dividido em serviço comum de engenharia e serviço especial de engenharia, levando em consideração se o serviço tem ações objetivamente padronizáveis ou se, por sua alta heterogeneidade ou complexidade, não é possível que seja objetivamente padronizável.

O art. 45 estabelece as principais normas que devem ser respeitadas nas licitações de obras e serviços de engenharia, como, entre outras, a compensação ambiental; utilização de serviços, equipamentos e serviços que favoreçam a redução de consumo de energia e de recursos naturais; avaliação de impacto de vizinhança, acessibilidade para pessoas com deficiência ou com mobilidade reduzida etc.

1.3.6.1 Regimes de execução indireta

As obras e serviços de engenharia podem ser executadas de forma direta pela própria Administração, ou indiretamente, em que o órgão ou entidade contrata com terceiros, hipótese que será, em regra, precedida de licitação. Ponto importante na Lei 14.133/2021 é o art. 46, que estabelece os regimes de execução indireta das obras e serviços de engenharia:

- Empreitada por preço unitário: art. 6º, XXVIII: contratação da execução da obra ou do serviço por preço certo de unidades determinadas.

- Empreitada por preço global: art. 6º, XXIX: contratação da execução da obra ou do serviço por preço certo e total.

- Empreitada integral: art. 6º, XXX: contratação de empreendimento em sua integralidade, compreendida a totalidade das etapas de obras, serviços e instalações necessárias, sob inteira responsabilidade do contratado até sua entrega ao contratante em condições de entrada em operação, com características adequadas às finalidades para as quais foi contratado e atendidos os requisitos técnicos e legais para sua utilização com segurança estrutural e operacional.

- Contratação por tarefa: art. 6º, XXXI: regime de contratação de mão de obra para pequenos trabalhos por preço certo, com ou sem fornecimento de materiais.

- Contratação integrada: art. 6º, XXXII: regime de contratação de obras e serviços de engenharia em que o contratado é responsável por elaborar e desenvolver os projetos básico e executivo, executar obras e serviços de engenharia, fornecer bens ou prestar serviços especiais e realizar montagem, teste, pré-operação e as demais operações necessárias e suficientes para a entrega final do objeto.

> A Lei 8.666/93 não prevê as formas de contratação integrada, semi-integrada e fornecimento e prestação de serviço associado.

- Contratação semi-integrada: art. 6º, XXXIII: regime de contratação de obras e serviços de engenharia em que o contratado é responsável por elaborar e desenvolver o projeto executivo, executar obras e serviços de engenharia, fornecer bens ou prestar serviços especiais e realizar montagem, teste, pré-operação e as demais operações necessárias e suficientes para a entrega final do objeto.

- Fornecimento e prestação de serviço associado: art. 6º, XXXIV: regime de contratação em que, além do fornecimento do objeto, o contratado responsabiliza-se por sua operação, manutenção ou ambas, por tempo determinado.

A principal diferença entre a contratação integrada e semi-integrada é que na semi-integrada apenas o projeto executivo é de responsabilidade do contratado, por outro lado, na contratação integrada tanto o projeto básico quanto o projeto executivo são de competência do contratado. Assim, na contratação integrada, a Administração fica dispensada de elaborar o projeto básico, hipótese em que deverá ser elaborado anteprojeto de acordo com metodologia definida em ato do órgão competente (art. 46, § 2º).

Na contratação semi-integrada, a Administração, portanto, deve elaborar o projeto básico. No entanto, o art. 46, § 5º, ressalta que, mediante prévia autorização da Administração, o projeto básico poderá ser alterado, desde que demonstrada a superioridade das inovações propostas pelo contratado em termos de redução de custos, de aumento da qualidade, de redução do prazo de execução ou de facilidade de manutenção ou operação, assumindo o contratado a responsabilidade integral pelos riscos associados à alteração do projeto básico.

1.3.7 Contratações de tecnologia da informação e de comunicação

Cada vez mais, as contratações de tecnologia da informação e de comunicação são importantes para a Administração Pública, e sua contratação deverá, em regra, ser precedida de licitação. A Lei 14.133/2021 não conceituou o que seriam essas contratações, se limitando a afirmar, no art. 26, § 7º, ao tratar da margem de preferência, que nas contratações destinadas à implantação, à manutenção e ao aperfeiçoamento dos sistemas de tecnologia de informação e comunicação considerados estratégicos em ato do Poder Executivo federal, a licitação poderá ser restrita a bens e serviços com tecnologia desenvolvida no País produzidos de acordo com o processo produtivo básico de que trata a Lei 10.176, de 11 de janeiro de 2001.

> Apesar da Lei 14.133/2021 não conceituar estes serviços, a Lei 8.666/93 traz, em seu art. 6º, XIX, quais são os serviços considerados sistemas de tecnologia de informação e comunicação estratégicos.

1.4 MODALIDADES DE LICITAÇÃO

Modalidades de licitação são os procedimentos que devem ser seguidos na licitação, a depender do objeto de contratação. A Lei 14.133/2021 extingue algumas modalidades existentes anteriormente, na Lei 8.666/93, e cria uma nova modalidade.

O art. 28 estabelece que são modalidades de licitação:

> A modalidade convite e tomada de preços, previstas no art. 22 da Lei 8.666/93, deixam de existir na Lei 14.133/2021.
>
> O pregão, que não está na Lei 8.666/93, está previsto expressamente na Lei 14.133/2021.

- I – Pregão
- II – Concorrência
- III – Concurso
- IV – Leilão
- V – Diálogo competitivo

De acordo com o § 2º do mesmo artigo, é vedada a criação de outras modalidades de licitação ou a combinação das referidas no artigo. Nos termos do § 1º, além dessas cinco modalidades previstas, podem ser aplicados os procedimentos auxiliares previstos no art. 78 da lei, que serão analisados em momento oportuno.

1.4.1 Concorrência

1.4.1.1 Objeto

De acordo com o art. 6º, XXXVIII, a concorrência é a modalidade de licitação para contratação de bens e serviços especiais e de obras e serviços comuns e especiais de engenharia.

> A concorrência, na Lei 8.666/93, é utilizada nas hipóteses de contratações de valores mais altos, previstos no Decreto 9.412/18 e nas hipóteses do art. 23, § 3º, Lei 8.666/93, independentemente do valor.

O conceito de obra já foi analisado, sendo considerado aquele previsto no art. 6º, XII. Da mesma maneira, o conceito de serviço de engenharia, previsto no art. 6º, XXI.

As obras e os serviços de engenharia, sejam eles serviços especiais ou comuns de engenharia, serão precedidos de concorrência.

Além disso, são considerados bens e serviços especiais (art. 6º, XIV) aqueles que, por sua alta heterogeneidade ou complexidade, não podem ser definidos no edital, exigida justificativa prévia do contratante, também devendo ser licitados através da modalidade de licitação concorrência.

1.4.1.2 Procedimento

Nos termos do art. 29, a concorrência segue o rito do procedimento comum a que se refere o art. 17, da mesma maneira que o pregão, portanto, uma das principais diferenças entre a concorrência e o pregão, na nova lei, é o objeto, tendo em vista que seguem o mesmo procedimento. O dito procedimento será analisado posteriormente.

1.4.1.3 Critérios de julgamento

A concorrência pode adotar os critérios de julgamento menor preço; melhor técnica ou conteúdo artístico; técnica e preço; maior retorno econômico ou maior desconto.

1.4.2 Pregão

1.4.2.1 Objeto

De acordo com o art. 6º, XLI, o pregão é a modalidade de licitação obrigatória para aquisição de bens e serviços comuns.

> A Lei 10.520/02, que tratava do pregão, trazia um procedimento muito diferente das demais modalidades da Lei 8.666/93, principalmente com relação à concorrência.

Nos termos do art. 6º, XIII, são considerados bens e serviços comuns aqueles cujos padrões de desempenho e qualidade podem ser objetivamente definidos pelo edital, por meio de especificações usuais de mercado.

É importante ressaltar que o pregão não é uma opção no caso de aquisição dos bens e serviços comuns, e sim a modalidade obrigatória.

De acordo com o art. 29, parágrafo único, o pregão não se aplica:

> O art. 1º, do Decreto 10.024/2019, ao regulamentar o pregão no âmbito da Administração Pública Federal, já estabelecia a aplicação do pregão para serviços comuns de engenharia.

- às contratações de serviços técnicos especializados de natureza predominantemente intelectual (que são aqueles previstos expressamente no art. 6º, XVIII da lei)

- às contratações de obras e serviços de engenharia, salvo os serviços comuns de engenharia.

1.4.2.2 Procedimento

Nos termos do art. 29, o pregão segue o rito do procedimento comum a que se refere o art. 17, da mesma maneira que a concorrência, portanto, uma das principais diferenças entre a concorrência e o pregão, na nova lei, é o objeto, tendo em vista que seguem o mesmo procedimento. O procedimento será analisado posteriormente.

No entanto, o dispositivo legal deixa claro que sempre que o objeto possuir padrões de desempenho de qualidade que possam ser objetivamente definidos pelo edital, por meio de especificações usuais de mercado, deve ser adotado o pregão, e não a concorrência.

1.4.2.3 Critérios de julgamento

O pregão poderá adotar o critério de julgamento de menor preço ou de maior desconto.

> Nos termos do art. 4º, X, da Lei 10.520/02, o critério de julgamento do pregão é o menor preço.

1.4.3 Concurso

1.4.3.1 Objeto

De acordo com o art. 6º, XXXIX, o concurso é a modalidade de licitação para escolha de trabalho técnico, científico ou artístico, que concede prêmio ou remuneração ao vencedor.

> O objeto do concurso é o mesmo previsto no art. 22, § 4º, Lei 8.666/93. Da mesma maneira, o art. 111 da Lei 8.666/93 exige a cessão à Administração os direitos relativos ao trabalho.

1.4.3.2 Procedimento

O concurso, de acordo com o art. 30, observará as regras e condições previstas no edital, que indicará:

I – a qualificação exigida dos licitantes

II – as diretrizes e formas de apresentação do trabalho

III – as condições de realização e o prêmio ou remuneração a ser concedida ao vencedor.

Nos concursos destinados à elaboração de projeto, o vencedor deverá ceder à Administração todos os direitos patrimoniais relativos ao projeto e autorizar sua execução conforme juízo de conveniência e oportunidade das autoridades competente, nos termos do art. 93 da lei.

> Alteração importante, pois os bens imóveis, nos termos do art. 17 da Lei 8.666/93 são, em regra, alienados, por concorrência.
>
> Além disso, o art. 22, § 5º, Lei 8.666/93 prevê a aplicação do leilão para a alienação de bens penhorados, o que não aparece mais expressamente no objeto do leilão na Lei 14.133/2021.

1.4.3.3 Critérios de julgamento

O concurso poderá adotar o critério de julgamento de melhor técnica ou conteúdo artístico.

NOVA LEI DE LICITAÇÃO • Flávia Campos

1.4.4 Leilão

1.4.4.1 Objeto

De acordo com o art. 6°, XL, o leilão é a modalidade de licitação para alienação de bens imóveis ou móveis inservíveis ou legalmente apreendidos.

1.4.4.2 Procedimento

Conforme previsto no art. 31, o leilão poderá ser cometido a leiloeiro oficial ou a servidor designado pela autoridade competente da Administração, e regulamento deverá dispor sobre seus procedimentos operacionais.

Caso a Administração faça a opção pela realização do leilão por um leiloeiro oficial, a sua seleção deverá ser realizada mediante credenciamento ou licitação na modalidade pregão, adotando-se o critério de julgamento de maior desconto para as comissões a serem cobradas, utilizados como parâmetro máximo os percentuais definidos na lei que regula a referida profissão e observados os valores dos bens a serem leiloados, nos termos do art. 31, § 1°.

O leilão será precedido da divulgação do edital em sítio eletrônico oficial, que conterá os elementos descritos no § 2° do art. 31, como a descrição do bem, o valor de avaliação, o preço mínimo pelo qual poderá ser alienado, o sítio da internet e o período em que ocorrerá o leilão, salvo se excepcionalmente for realizado sob a forma presencial por comprovada inviabilidade técnica ou desvantagem para a Administração, hipótese em que serão indicados o local, o dia e a hora da sua realização etc.

> O art. 53, § 4° da Lei 8.666/93 já prevê que o leilão deve ser plenamente divulgado, principalmente no município em que se realizará.

Como forma de ampliar a competitividade do leilão, o art. 31, § 3° estabelece que, além da divulgação no sítio eletrônico oficial, o edital do leilão será afixado em local de ampla circulação de pessoas na sede da Administração e poderá, ainda, ser divulgado por outros meios necessários para ampliar a publicidade e a competitividade da licitação.

De acordo com o art. 31, § 4°, o leilão não exigirá registro cadastral prévio, não terá fase de habilitação e deverá ser homologado assim que concluída a fase de lances, superada a fase recurso e efetivado o pagamento pelo licitante vencedor, na forma definida pelo edital.

> O art. 32, § 1° da Lei 8.666/93 já possibilita dispensar, no todo ou em parte, a documentação de habilitação no caso de leilão, dentre outras hipóteses.

1.4.4.3 Critérios de julgamento

O leilão adotará o critério de julgamento maior lance.

1.4.5 Diálogo competitivo

> Nova modalidade de licitação, criada pela Lei 14.133/2021.

1.4.5.1 Objeto

De acordo com o art. 6º, XLII, o diálogo competitivo é a modalidade de licitação para contratação de obras, serviços ou compras, em que a Administração Pública realiza diálogos com licitantes previamente selecionados, mediante critérios objetivos, para desenvolver uma ou mais alternativas capazes de atender às suas necessidades, devendo os licitantes apresentar proposta final após o encerramento do diálogo.

São situações complexas, em que a Administração precisa dialogar com a iniciativa privada para identificar as melhores soluções para suas necessidades.

De acordo com o art. 32, a modalidade de diálogo competitivo é restrita a contratações em que a Administração:

- Vise contratar objeto que envolva inovação tecnológica ou técnica; impossibilidade de o órgão ou entidade ter sua necessidade satisfeita sem a adaptação de soluções disponíveis no mercado; impossibilidade de as especificações técnicas serem definidas com precisão suficiente pela Administração.

- Verifique a necessidade de definir e identificar os meios e as alternativas que possam satisfazer suas necessidades, com destaque para a solução técnica mais adequada e os requisitos técnicos aptos a concretizar a solução já definida.

1.4.5.2 Procedimento

O § 1º do art. 32 estabelece os principais aspectos do procedimento a ser seguido no diálogo competitivo.

A Administração divulgará o edital em sítio eletrônico oficial e apresentará suas necessidades e as exigências já definidas, estabelecendo um prazo mínimo de 25 dias úteis para manifestação de interesse na participação da licitação.

O edital deverá prever os critérios para a pré-seleção dos licitantes e serão admitidos todos os interessados que preencherem os requisitos objetivos estabelecidos.

É vedada a divulgação de informações de modo discriminatório que possa implicar vantagem para algum licitante.

A Administração não poderá revelar a outros licitantes as soluções propostas ou as informações sigilosas comunicadas por um licitante sem o seu consentimento.

A fase de diálogo poderá ser mantida até que a Administração, em decisão fundamentada, identifique a solução ou as soluções que atendam suas necessidades, sendo que o edital poderá prever a realização de fases sucessivas, caso em que cada fase poderá restringir as soluções ou as propostas a serem discutidas.

A Administração deverá, ao declarar que o diálogo foi concluído, juntar aos autos do processo licitatório os registros e gravações da fase de diálogo, iniciar a fase competitiva com a divulgação de edital contando a especificação da solução que atenda suas necessidades e os critérios objetivos que serão utilizados para a seleção da proposta mais vantajosa e abrir prazo, não inferior a 60 dias úteis, para todos os licitantes pré-selecionados apresentarem suas propostas, que deverão conter os elementos necessários para a realização do projeto, sendo possível solicitar esclarecimentos ou ajustes às propostas, desde que não impliquem discriminação nem distorçam a concorrência entre as propostas.

A Administração definirá a proposta vencedora de acordo com os critérios divulgados no início da fase competitiva, assegurada a contratação mais vantajosa como resultado.

O diálogo competitivo será conduzido por comissão de contratação composta de pelo menos 3 servidores efetivos ou empregados públicos pertencentes aos quadros permanentes da Administração, admitida a contratação de profissionais para assessoramento técnico da comissão.

1.4.5.3 Critérios de julgamento

Dependerá do tipo de solução apresentada.

1.5 CRITÉRIOS DE JULGAMENTO

As propostas deverão ser analisadas e julgadas com base em critérios objetivos de julgamento, também chamados de tipos de licitação, que estão previstos no art. 33 da lei.

> O art. 45, § 1º da Lei 8.666/93 prevê como critérios de julgamento: menor preço, melhor técnica, técnica e preço, maior lance e oferta.

São critérios de julgamentos na Lei 14.133/2021:

- I – menor preço;
- II – maior desconto;
- III – melhor técnica ou conteúdo artístico;
- IV – técnica e preço;
- V – maior lance, no caso de leilão;
- VI – maior retorno econômico.

1.5.1 Menor preço

O julgamento pelo menor preço considera que a proposta vencedora será a proposta com o menor valor, considerando, no entanto, de acordo com o art. 34, os parâmetros mínimos da qualidade definidos no edital de licitação.

> De acordo com o art. 45, § 1º, I, Lei 8.666/93, o tipo de licitação menor preço é aquele em que o critério de seleção da proposta mais vantajosa para a administração determinar que será vencedor o licitante que apresentar a proposta de acordo com as especificações do edital ou convite e ofertar o menor preço.

Assim, quando o edital prever a adoção do critério de julgamento menor preço, os licitantes apresentarão suas propostas com os preços, devendo ser considerada a melhor proposta aquela que apresentar o menor preço, desde que, claro, não se trate de valor inexequível.

1.5.2 Maior desconto

O julgamento da proposta pelo maior desconto será aquele em que a Administração apresenta um valor global no edital de licitação, e vence a licitação a proposta que apresentar o maior desconto sobre aquele valor de referência previsto no edital, devendo ser estendido aos eventuais termos aditivos, conforme o art. 34, § 2º.

> O critério de julgamento maior desconto não está previsto na Lei 8.666/93, estando previsto, no entanto, na Lei 12.462/2011 (art. 18) e Lei 13.303/2016 (art. 54)

De acordo com o art. 34, o julgamento pelo critério de maior desconto deverá também atender os parâmetros mínimos de qualidade definidos no edital de licitação.

Como é necessário que o licitante tenha conhecimento do preço estimado de contratação ou do máximo aceitável para contratação, o art. 24, parágrafo único afasta a possibilidade de sigilo do orçamento estimado de contratação quando o critério de julgamento adotado for o por maior desconto.

> A Lei 8.666/93 já prevê o tipo de licitação "melhor técnica", sendo uma inovação o "melhor conteúdo artístico".

1.5.3 Melhor técnica ou conteúdo artístico

De acordo com o art. 35, o julgamento por melhor técnica ou conteúdo artístico considerará exclusivamente as propostas técnicas ou artísticas apresentadas pelos licitantes, e o edital deverá definir o prêmio ou a remuneração que será atribuída aos vencedores. Tal critério poderá ser utilizado para a contratação de projetos e trabalhos de natureza técnica, científica ou artística.

Assim, para se considerar a proposta vencedora, é analisado o conteúdo técnico da proposta, ou o conteúdo artístico. Claro que é importante ressaltar que não é possível contratar acima do valor de mercado, pois vimos que um dos objetivos da licitação é evitar o sobrepreço (art. 11).

O art. 37 estabelece como o julgamento da proposta será realizado, por exemplo, com a atribuição de notas atribuída por banca designada para esse fim ou por desempenho do licitante em contratações anteriores. Nos termos do § 1º, quando a pontuação for atribuída por uma banca, esta terá, no mínimo, 3 membros, e poderá ser composta de servidores efetivos ou empregados públicos pertencentes aos quadros permanentes da Administração Pública ou profissionais contratados por conhecimento técnico, experiência ou renome na avaliação dos quesitos especificados no edital, desde que seu trabalho seja supervisionado por um agente público.

O §2º do art. 37, que havia sido vetado pelo Presidente da República, mas teve o veto derrubado pelo Congresso Nacional, estabelece que, ressalvados os casos de inexigibilidade de licitação, na licitação para contratação dos serviços técnicos especializados de natureza predominantemente intelectual das alíneas 'a', 'd' e 'h' do inciso XVIII do art. 6º cujo valor estimado seja superior a R$300.000,00 (trezentos mil reais), o julgamento será por melhor técnica ou técnica e preço, na proporção de 70% de valoração da proposta técnica.

Ainda, o art. 38 determina que, no julgamento por melhor técnica, a obtenção de pontuação devido à capacitação técnico-profissional exigirá que a execução do respectivo contrato tenha participação direta e pessoal do profissional correspondente, ou seja, a participação do profissional que levou à pontuação é imprescindível na execução do contrato.

1.5.4 Técnica e preço

Pelo art. 36, o julgamento por técnica e preço considerará a maior pontuação obtida a partir da ponderação, segundo fatores objetivos previstos no edital, das notas atribuídas aos aspectos de técnica e de preço da proposta.

> A Lei 8.666/93 prevê o tipo de licitação "técnica e preço".

Tal critério de julgamento será utilizado quando o estudo técnico preliminar demonstrar que é relevante para a Administração avaliar a ponderar a qualidade técnica das propostas que superarem os requisitos mínimos estabelecidos. O critério pode ser usado nas licitações de:

- serviços técnicos especializados de natureza predominantemente intelectual, caso em que o critério de julgamento de técnica e preço deverá ser preferencialmente empregado;
- serviços majoritariamente dependentes de tecnologia sofisticada e de domínio restrito, conforme atestado por autoridades técnicas de reconhecida qualificação;
- bens e serviços especiais de tecnologia da informação e de comunicação;
- obras e serviços especiais de engenharia;
- objetos que admitam soluções específicas e alternativas e variações de execução, com repercussões significativas e concretamente mensuráveis sobre sua qualidade, produtividade, rendimento e durabilidade, quando essas soluções e variações puderem ser adotadas à livre escolha dos licitantes, conforme critérios objetivamente definidos no edital de licitação.

Nos termos do art. 36, § 2º, no julgamento por técnica e preço, deverão ser avaliadas e ponderadas as propostas técnicas e, em seguida, as propostas de preço apresentadas pelos licitantes, sendo que 70% da valoração deve ser para a proposta técnica.

O art. 37 estabelece como o julgamento da proposta será realizado, por exemplo, com a atribuição de notas atribuída por banca designada para este fim ou por desempenho do licitante em contratações anteriores. Nos termos do § 1º, quando a pontuação for atribuída por uma banca, esta terá, no mínimo, 3 membros, e poderá ser composta de servidores efetivos ou empregados públicos pertencentes aos quadros permanentes da Administração Pública ou profissionais contratados por conhecimento técnico, experiência ou renome na avaliação dos quesitos especificados no edital, desde que seu trabalho seja supervisionado por um agente público.

Ainda, o art. 38 determina que, também no julgamento por técnica e preço, a obtenção de pontuação devido à capacitação técnico-profissional exigirá que a execução do respectivo contrato tenha participação direta e pessoal do profissional correspondente, ou seja, a participação do profissional que levou à pontuação é imprescindível na execução do contrato.

1.5.5 Maior lance, no caso de leilão

Como analisado anteriormente, o leilão é a modalidade de licitação a ser utilizada para a alienação de bens imóveis ou móveis inservíveis ou legalmente apreendidos.

> A Lei 8.666/93 prevê, no art. 45, § 1º, o tipo de licitação maior lance ou oferta. No entanto, a alienação de bens imóveis só seria através de leilão nas hipóteses do art. 19, Lei 8.666/93, pois a regra seria a modalidade de licitação concorrência.

Assim, os licitantes deverão apresentar, em suas propostas, os lances para adquirem tais bens, com base no valor de avaliação. O maior lance vence a licitação.

1.5.6 Maior retorno econômico

O julgamento das propostas pelo critério de maior retorno econômico deve, de acordo com o art. 39, ser utilizado exclusivamente para a celebração de contato de eficiência.

De acordo com o art. 6º, LIII, o contrato de eficiência é aquele contrato cujo objeto é a prestação de serviços, que pode incluir a realização de obras e o fornecimento de bens, com o objetivo de proporcionar economia ao contratante, na forma de redução de despesas correntes, remunerado o contratado com base em percentual da economia gerada.

> O contrato de eficiência não está previsto na Lei 8.666/93, sendo uma novidade da Lei 12.462/2011 (Regime Diferenciado de Contratação), no seu art. 23.

O contrato de eficiência visa buscar economia para a Administração Pública, sendo que o contratado apresenta formas de reduzir despesas da Administração, e sua remuneração será justamente um percentual sobre essa economia gerada.

De acordo com o art. 39, o julgamento pelo maior retorno econômico considerará a maior economia para a Administração, e a remuneração deverá ser fixada em percentual que incidirá de forma proporcional à economia efetivamente obtida na execução do contrato.

Nos termos do § 1º, nas licitações que adotem tal critério de julgamento, os licitantes apresentarão:

• proposta de trabalho, que deverá contemplar:

a) as obras, os serviços ou os bens, com os respectivos prazos de realização ou fornecimento;

b) a economia que se estima gerar, expressa em unidade de medida associada à obra, ao bem ou ao serviço e em unidade monetária;

- proposta de preço, que corresponderá a percentual sobre a economia que se estima gerar durante determinado período, expressa em unidade monetária.

O edital deverá prever parâmetros objetivos para mensuração da economia gerada, que servirá de base de cálculo para a remuneração ao contatado. Para efeitos de julgamento da proposta o retorno econômico será o resultado da economia que se estima gerar com a execução da proposta de trabalho, deduzia a proposta de preço, conforme previsto nos § § 2º e 3º.

Por fim, pelo § 4º, se não for gerada a economia prevista no contrato de eficiência:

- A diferença entre a economia contratada e a efetivamente obtida será descontada da remuneração do contratado

- Se a diferença entre a economia contratada e a efetivamente obtida for superior ao limite máximo estabelecido no contrato, o contratado sujeitar-se-á, ainda, a outras sanções cabíveis.

1.6 PROCESSO LICITATÓRIO

A Lei 14. 133/2021 estabelece as regras do procedimento licitatório, prevendo quais são os agentes públicos que devem ficar responsáveis pelo procedimento, como deve ocorrer cada fase do procedimento etc.

1.6.1 Agentes públicos

O art. 7º prevê que caberá à autoridade máxima do órgão ou da entidade, ou a quem as normas de organização administrativa indicarem, promover gestão por competências e designar agentes públicos para o desempenho das funções essenciais à execução da lei de licitações.

Dois conceitos importantes acerca dessa afirmativa estão previstos no art. 6º, incisos V e VI. De acordo com o inciso VI, autoridade é o agente público dotado de poder de decisão. Já o inciso V, é considerado agente público o indivíduo que, em virtude de eleição, nomeação, designação, contratação ou qualquer outra forma de investidura ou vínculo, exerce mandato, cargo, emprego ou função em pessoa jurídica integrante da Administração Pública;

Os agentes que executarão essas funções deverão preencher os seguintes requisitos:

- ser, preferencialmente, servidor efetivo ou empregado público dos quadros permanentes da Administração Pública;

CAPÍTULO 1 • LICITAÇÕES

- ter atribuições relacionadas a licitações e contratos ou possuir formação compatível ou qualificação atestada por certificação profissional emitida por escola de governo criada e mantida pelo poder público; e
- não ser cônjuge ou companheiro de licitantes ou contratados habituais da Administração nem ter com eles vínculo de parentesco, colateral ou por afinidade, até o terceiro grau, ou de natureza técnica, comercial, econômica, financeira, trabalhista e civil.

Como já visto, o art. 7º, § 1º, prevê o princípio da segregação de funções, vedando a designação do mesmo agente público para atuação simultânea em diversas atuações, como forma de reduzir a possibilidade de ocultação de erros e de ocorrência de fraudes na contratação.

Essas previsões, de acordo com o art. 7º, § 2º, se aplica também aos órgãos de assessoramento jurídico e de controle interno da Administração.

1.6.1.1 Agente de contratação

Nos termos do art. 8º, a licitação será conduzida por agente de contratação, pessoa designada pela autoridade competente, entre servidores efetivos ou empregados públicos dos quadros permanentes da Administração Pública.

> Importante inovação da Lei 14.133/2021, pois, na Lei 8.666/1993, a licitação deve ser conduzida por uma comissão de licitação. A comissão é apenas exceção na Lei 14.133/2021, como se depreende do art. 8º, § 2º.

O agente de contratação será a pessoa que terá a função de tomar decisões, acompanhar o trâmite da licitação, dar impulso ao procedimento licitatório e executar quaisquer outras atividades necessárias ao bom andamento do certame até a homologação.

De acordo com o § 1º, o agente de contratação será auxiliado por equipe de apoio e responderá individualmente pelos atos que praticar, salvo quando induzido a erro pela atuação da equipe.

O art. 6º, LX, traz o conceito do agente de contratação.

Quando a licitação envolver bens ou serviços especiais, o agente de contratação poderá ser substituído por comissão de contratação formada por, no mínimo, 3 (três) membros, desde que observados os requisitos do art. 7º.

Os integrantes da comissão de contratação responderão solidariamente por todos os atos praticados pela comissão, ressalvado o membro que expressar posição individual divergente fundamentada e registrada em ata lavrada na reunião em que houver sido tomada a decisão.

> O art. 51, § 3º, Lei 8.666/93 também prevê a responsabilidade solidária dos membros da comissão, salvo posição individual divergente registrada em ata na reunião.

Quando a licitação envolver um bem ou serviço especial cujo objeto não seja rotineiramente contratado pela Administração, poderá ser contratado, por prazo determinado, serviço de empresa ou de profissional especializado para assessorar os agentes públicos responsáveis pela condução da licitação, de acordo com o art. 8º, § 4º.

Nos termos do art. 8º, § 3º, as regras relativas à atuação dos agentes de contratação, da equipe de apoio, da comissão de contratação, e dos fiscais e gestores de contrato serão estabelecidas por regulamento, que deverá prever a possibilidade de eles contarem com o apoio dos órgãos de assessoramento jurídico e de controle interno para o desempenho das funções essenciais à execução da lei.

Ainda com relação ao agente público responsável pela licitação, no caso do pregão, o art. 8º, § 5º, estabelece que será designado pregoeiro.

1.6.1.2 Atuações vedadas aos agentes públicos

O art. 9º estabelece atuações vedadas aos agentes públicos designados para atuar na área de licitações e contratos, ressalvados os casos previstos em lei, que possam, por exemplo, ferir o caráter competitivo da licitação, criar preferências etc.

De acordo com o dispositivo, é vedado ao agente público designado para atuar na área de licitações e contratos, ressalvados os casos previstos em lei:

- I – admitir, prever, incluir ou tolerar, nos atos que praticar, situações que:

  a) comprometam, restrinjam ou frustrem o caráter competitivo do processo licitatório, inclusive nos casos de participação de sociedades cooperativas;

  b) estabeleçam preferências ou distinções em razão da naturalidade, da sede ou do domicílio dos licitantes;

  c) sejam impertinentes ou irrelevantes para o objeto específico do contrato;

- II – estabelecer tratamento diferenciado de natureza comercial, legal, trabalhista, previdenciária ou qualquer outra entre empresas brasileiras e estrangeiras, inclusive no que se refere a moeda, modalidade e local de pagamento, mesmo quando envolvido financiamento de agência internacional;

- III – opor resistência injustificada ao andamento dos processos e, indevidamente, retardar ou deixar de praticar ato de ofício, ou praticá-lo contra disposição expressa em lei.

Inclusive, os § § 1º e 2º, estabelecem que o agente público de órgão ou entidade licitante não poderá participar, direta ou indiretamente, da licitação ou da execução do contrato, devendo a vedação ser estendida a terceiro que auxilie na condução da contratação como equipe de apoio, profissional especializado ou funcionário ou representante da empresa que preste assessoria técnica.

Por fim, o art. 10 prevê que se as autoridades competentes e os servidores públicos que tiverem participado dos procedimentos relacionados às licitações e aos contratos precisarem defender-se nas esferas administrativa, controladora ou judi-

CAPÍTULO 1 • LICITAÇÕES

cial em razão de ato praticado com estrita observância de orientação constante em parecer jurídico, a advocacia pública promoverá, a critério do agente público, sua representação judicial ou extrajudicial, salvo quando provas de atos ilícitos dolosos constarem nos autos do processo administrativo ou judicial.

A defesa pela advocacia pública deverá ocorrer inclusive na hipótese de o agente público não mais ocupar o cargo, emprego ou função em que foi praticado o ato questionado.

1.6.2 Regras no processo licitatório

Nos termos do art. 12 da Lei 14.133, 2021, devem ser observadas as seguintes regras, entre outras:

- Os documentos devem ser produzidos por escrito, com data e local da sua realização, e assinatura dos responsáveis.

- Os valores, os preços e os custos utilizados terão como expressão monetária a moeda corrente nacional, ressalvado o disposto no art. 52 desta Lei, que dispões sobre as licitações internacionais.

- O desatendimento de exigências meramente formais que não comprometam a aferição da qualificação do licitante ou a compreensão do conteúdo de sua proposta não importará seu afastamento da licitação ou a invalidação do processo. Apesar de a licitação ter formalidades que devem ser seguidas, quando o desatendimento de uma exigência não prejudicar o procedimento, não é razoável que o processo seja invalidado ou o licitante seja afastado do processo.

> O art. 425, IV, CPC prevê a possibilidade de declaração de autenticidade pelo advogado, sob pena de sua responsabilidade pessoal, nas ações judiciais.

- A prova de autenticidade de cópia de documento público ou particular poderá ser feita perante agente da Administração, mediante apresentação de original ou de declaração de autenticidade por advogado, sob sua responsabilidade pessoal.

- O reconhecimento de firma somente será exigido quando houver dúvida de autenticidade, salvo imposição legal.

- Os atos serão preferencialmente digitais, de forma a permitir que sejam produzidos, comunicados, armazenados e validados por meio eletrônico.

- A partir de documentos de formalização de demandas, os órgãos responsáveis pelo planejamento de cada ente federativo poderão, na forma de regulamento, elaborar plano de contratações anual, com o objetivo de racionalizar as contratações dos órgãos e entidades sob sua competência, garantir o alinhamento com o seu planejamento estratégico e subsidiar a elaboração das respectivas leis orçamentárias.

O plano de contratações anual, de acordo com o art. 12, § 1º, deverá ser divulgado e mantido à disposição do público em sítio eletrônico oficial e será observado pelo ente federativo na realização de licitações e na execução dos contratos.

De acordo com o art. 13, os atos praticados no processo licitatório devem ser públicos, no entanto, o próprio artigo prevê a possibilidade de sigilo quando imprescindível à segurança da sociedade e do Estado, o que é aplicação do próprio art. 5º, XXXIII da CR/88.

Além disso, o art. 13, parágrafo único, prevê que a publicidade será diferida:

- Quanto ao conteúdo das propostas, até a sua abertura. Isso porque as propostas só serão abertas na fase prevista em lei, portanto a sua publicidade só será garantida no momento oportuno
- Quanto ao orçamento da Administração, nos termos do art. 24 da lei, que possibilita que o orçamento não seja divulgado, salvo nas exceções previstas no referido artigo.

1.6.3 Impedidos de participar do processo licitatório

O art. 14 da Lei 14.133/2021 traz um rol de pessoas que não poderão disputar a licitação ou participar da execução de contrato, direta ou indiretamente. São eles:

> Previsão parecida com o art. 9º, I, Lei 8.666/93, salvo que não se fala no anteprojeto.

- Autor do anteprojeto, do projeto básico ou do projeto executivo, pessoa física ou jurídica, quando a licitação versar sobre obra, serviços ou fornecimento de bens a ele relacionados.

Vale ressaltar que, no regime de contratação integrada, a elaboração do projeto executivo e do projeto básico ficam a cargo do contratado, e do projeto executivo pode ficar a cargo nas demais contratações, por exemplo, na semi-integrada. É o que estabelece o art. 14, § 4º.

Além disso, de acordo com o art. 14, § 2º, a critério da Administração, o autor do projeto poderá participar no apoio das atividades de planejamento da contratação, de execução da licitação ou de gestão do contrato, desde que exclusivamente a serviço da Administração e sob supervisão exclusiva de agentes públicos do órgão ou entidade. Isso porque como ele é o autor do projeto, ele pode ajudar com informações e fornecimento de direções na sua execução.

- Empresa, isoladamente ou em consórcio, responsável pela elaboração do projeto básico ou do projeto executivo, ou empresa da qual o autor do projeto seja dirigente, gerente, controlador, acionista ou detentor de mais de 5% (cinco por cento) do capital com direito a voto,

> Mesma previsão do art. 9º, II, Lei 8.666/93, salvo que não se fala no anteprojeto.

CAPÍTULO 1 • LICITAÇÕES

responsável técnico ou subcontratado, quando a licitação versar sobre obra, serviços ou fornecimento de bens a ela necessários.

Como observado anteriormente, o art. 14, § 2º prevê que, a critério da Administração, a empresa responsável pela elaboração do projeto, poderá participar no apoio das atividades de planejamento da contratação, de execução da licitação ou de gestão do contrato, desde que exclusivamente a serviço da Administração e sob supervisão exclusiva de agentes públicos do órgão ou entidade.

- Pessoa física ou jurídica que se encontre, ao tempo da licitação, impossibilitada de participar da licitação em decorrência de sanção que lhe foi imposta.

Nos termos do § 1º do art. 14, este impedimento também será aplicado ao licitante que atue em substituição a outra pessoa, física ou jurídica, com o intuito de burlar a efetividade da sanção a ela aplicada, inclusive a sua controladora, controlada ou coligada, desde que devidamente comprovado o ilícito ou a utilização fraudulenta da personalidade jurídica do licitante. Ou seja, se uma pessoa recebe uma sanção e está impedida de participar de licitação, não pode colocar outra para a substituir.

- Aquele que mantenha vínculo de natureza técnica, comercial, econômica, financeira, trabalhista ou civil com dirigente do órgão ou entidade contratante ou com agente público que desempenhe função na licitação ou atue na fiscalização ou na gestão do contrato, ou que deles seja cônjuge, companheiro ou parente em linha reta, colateral ou por afinidade, até o terceiro grau, devendo essa proibição constar expressamente do edital de licitação.

- Empresas controladoras, controladas ou coligadas, nos termos da Lei 6.404, de 15 de dezembro de 1976 (que trata das sociedades anônimas), concorrendo entre si.

- Pessoa física ou jurídica que, nos 5 (cinco) anos anteriores à divulgação do edital, tenha sido condenada judicialmente, com trânsito em julgado, por exploração de trabalho infantil, por submissão de trabalhadores a condições análogas às de escravo ou por contratação de adolescentes nos casos vedados pela legislação trabalhista

> Importante inovação; a Lei 8.666/93 não traz nenhuma previsão parecida.

1.6.4 Participação de consórcio em licitação

De acordo com o art. 15 da lei, pessoa jurídica poderá participar de licitação em consórcio, salvo vedação devidamente justificada no processo licitatório. O consórcio ocorre quando várias pessoas jurídicas se juntam para apresentar proposta como um único licitante.

O art. 15, § 4º prevê que, desde que haja justificativa técnica aprovada pela autoridade competente, o edital de licitação

> O art. 33 da Lei 8.666/93 estabelece a possibilidade de participação de consórcio em licitação, no entanto, não traz algumas regras previstas na Lei 14.133/2021.

poderá estabelecer limite máximo para o número de empresas consorciadas, ou seja, que participam de um consórcio.

A participação em consórcio deverá observar as seguintes regras:

- Comprovação de compromisso público ou particular de constituição de consórcio, subscrito pelos consorciados.

- Indicação da empresa líder do consórcio, que será responsável por sua representação perante a Administração.

- Admissão, para efeito de habilitação técnica, do somatório dos quantitativos de cada consorciado e, para efeito de habilitação econômico-financeira, do somatório dos valores de cada consorciado.

O § 1º prevê que o edital deverá estabelecer para o consórcio acréscimo de 10% (dez por cento) a 30% (trinta por cento) sobre o valor exigido de licitante individual para a habilitação econômico-financeira,

> Cuidado, o art. 33, III, Lei 8.666/93 prevê um limite de até 30%, mas não fala no limite mínimo de 10%.

salvo justificação. Isso porque a capacidade econômico-financeira de várias empresas é, em tese, maior que de uma empresa só.

Nos termos do § 2º, este acréscimo não se aplica aos consórcios compostos, em sua totalidade, de microempresas e pequenas empresas.

- Impedimento de a empresa consorciada participar, na mesma licitação, de mais de um consórcio ou de forma isolada;

- Responsabilidade solidária dos integrantes pelos atos praticados em consórcio, tanto na fase de licitação quanto na de execução do contrato.

Caso o consórcio seja o licitante considerado vencedor, o § 3º prevê que o licitante vencedor é obrigado a promover, antes da celebração do contrato, a constituição e o registro do consórcio, nos termos do compromisso firmado entre as pessoas jurídicas integrantes do consórcio.

Vale ressaltar que essa constituição e registro não é uma faculdade, é uma obrigação, de acordo com a lei.

Por fim, o art. 15, § 5º traz a possibilidade de uma das empresas integrantes do consórcio ser substituída, no entanto, estabelece que a substituição de consorciado deverá ser expressamente autorizada pelo órgão ou entidade contratante e condicionada à comprovação de que a nova empresa do consórcio possui, no mínimo, os mesmos quantitativos para efeito de habilitação técnica e os mesmos valores para efeito de qualificação econômico-financeira apresentados pela empresa substituída para fins de habilitação do consórcio no processo licitatório que originou o contrato.

CAPÍTULO 1 • LICITAÇÕES   **31**

1.6.5 Participação de cooperativa em licitação

Nos termos do art. 16, os profissionais organizados sob a forma de cooperativa poderão participar de licitação, quando:

- A constituição e funcionamento da cooperativa observarem as regras estabelecidas na legislação aplicável, em especial a Lei 5.764/1971, Lei 12.690/2012 e Lei Complementar 130/2009.

- A cooperativa apresentar demonstrativo de atuação em regime cooperado, com repartição de receitas e despesas entre os cooperados.

- Qualquer cooperado, com igual qualificação, for capaz de executar o objeto contratado, vedado à Administração indicar nominalmente pessoas.

- O objeto da licitação referir-se, em se tratando de cooperativas enquadradas na Lei 12.690/2012, a serviços especializados constantes do objeto social da cooperativa, a serem executados de forma complementar à sua atuação.

1.7 FASES DO PROCESSO LICITATÓRIO

O art. 17 e seguintes da Lei 14.133/2021 estabelece quais são as fases do processo licitatório e como cada uma dessas fases irá ocorrer. Deverão ocorrer, em sequência, as seguintes fases:

I. Preparatória

II. Divulgação do edital de licitação

III. Apresentação de propostas e lances, quando for o caso

IV. Julgamento

V. Habilitação

VI. Recursal

VII. Homologação

> Alteração importante em comparação com a ordem de fases apontada no art. 43 da Lei 8.666/93, em que antes ocorre a habilitação, depois o julgamento das propostas. Além disso, o art. 17 da Lei 14.133/2021 não fala da adjudicação, apesar de o ato de adjudicação ser citado no art. 71, IV, da Lei 14.133/2021.

O art. 17, § 1º estabelece que a fase de habilitação poderá, mediante ato motivado, com explicitação dos benefícios decorrentes, anteceder a apresentação das propostas e lances e o julgamento, desde que expressamente previsto no edital de licitação. A regra, portanto, é que a habilitação ocorra depois do julgamento das propostas, ocorrendo antes apenas quando expressamente previsto no edital.

Nos termos do art. 17, § 2º, as licitações serão realizadas preferencialmente sob a forma eletrônica, admitida a utilização da forma presencial, desde que motivada, devendo a sessão pública ser registrada em ata e gravada em áudio e vídeo. A regra, portanto, na licitação, é que ela seja realizada de forma eletrônica, sendo a forma presencial a exceção.

Se a licitação for realizada presencialmente, deverá ser gravada em áudio e vídeo, e a gravação será juntada aos autos do processo licitatório depois de seu encerramento, conforme previsto no art. 17, § 5º.

Já quando a licitação for realizada por meio eletrônico, o § 4º estabelece que a Administração poderá determinar, como condição de validade e eficácia, que os licitantes pratiquem seus atos em formato eletrônico.

Na fase de julgamento, conforme o § 3º, desde que previsto no edital, o órgão ou entidade licitante poderá, em relação ao licitante provisoriamente vencedor, realizar análise e avaliação da conformidade da proposta, mediante homologação de amostras, exame de conformidade e prova de conceito, entre outros testes de interesse da Administração, de modo a comprovar sua aderência às especificações definidas no termo de referência ou no projeto básico.

1.7.1 Fase preparatória

1.7.1.1 Elementos da fase preparatória

A fase preparatória é caracterizada pelo planejamento do processo licitatório, devendo compatibilizar-se com o plano de contratações anuais, sempre que o plano for elaborado (nos termos do art. 12, VII), e deverá abordar todas as considerações técnicas, mercadológicas e de gestão que podem interferir na contratação.

São diversos elementos que devem compreender o planejamento da fase preparatória, previstos no art. 18. Dentre eles, importante destacar:

- Descrição da necessidade da contratação, fundamentada em estudo técnico preliminar que caracterize o interesse público envolvido.

O estudo técnico preliminar é um importante instrumento na Lei 14.133/2021 que, conforme o art. 6º, XX, é o documento constitutivo da primeira etapa do planejamento de uma contratação que caracteriza o interesse público envolvido e a sua melhor solução e dá base ao anteprojeto, ao termo de referência ou ao projeto básico a serem elaborados caso se conclua pela viabilidade da contratação.

O estudo técnico preliminar deverá evidenciar o problema a ser resolvido e a sua melhor solução, de modo a permitir a avaliação da viabilidade técnica e econômica da contratação e conterá os elementos previstos no § 1º do art. 18, como descrição da necessidade da contratação, estimativas das quantidades para a contratação, estimativa do valor da contratação, justificativas para o parcelamento ou não da contratação, posicionamento conclusivo sobre a adequação da contratação para o atendimento da necessidade a que se destina etc.

O § 2º prevê os elementos obrigatórios que devem estar previstos no estudo técnico preliminar.

CAPÍTULO 1 • LICITAÇÕES

33

Ainda com relação ao estudo técnico preliminar, o § 3º estabelece que, para contratação de obras e serviços comuns de engenharia, se demonstrada a inexistência de prejuízo para a aferição dos padrões de desempenho e qualidade almejados, a especificação do objeto poderá ser realizada apenas em termo de referência ou em projeto básico, dispensada a elaboração de projetos.

- Definição do objeto para o atendimento da necessidade, por meio de termo de referência, anteprojeto, projeto básico ou projeto executivo, conforme o caso.

Termo de referência é o documento necessário para a contratação de bens e serviços, que deve conter parâmetros e elementos descritivos do objeto e da contratação, com todos os critérios previstos no art. 6º, XXIII.

O anteprojeto a peça técnica com todos os subsídios necessários à elaboração do projeto básico, que deve conter, no mínimo, os elementos previstos no art. 6º, XXIV.

Projeto básico é o conjunto de elementos necessários e suficientes, com nível de precisão adequado para definir e dimensionar a obra ou o serviço, ou o complexo de obras ou de serviços objeto da licitação, elaborado com base nas indicações dos estudos técnicos preliminares, que assegure a viabilidade técnica e o adequado tratamento do impacto ambiental do empreendimento e que possibilite a avaliação do custo da obra e a definição dos métodos e do prazo de execução, devendo conter elementos do art. 6º, XXV.

Por fim, o projeto executivo é o conjunto de elementos necessários e suficientes à execução completa da obra, com o detalhamento das soluções previstas no projeto básico, a identificação de serviços, de materiais e de equipamentos a serem incorporados à obra, bem como suas especificações técnicas, de acordo com as normas técnicas pertinentes, conforme o art. 6º, XXVI.

- Definição das condições de execução e pagamento, das garantias exigidas e ofertadas e das condições de recebimento.

- Orçamento estimado, com as composições dos preços utilizados para sua formação.

O valor previamente estimado de contratação deverá ser compatível com os valores praticados pelo mercado, considerados os preços constantes de bancos de dados públicos e as quantidades a serem contratadas, observadas a potencial economia de escala e as peculiaridades do local de execução do objeto. A definição do valor estimado deverá seguir às regras do art. 23.

- Elaboração do edital de licitação.

- Elaboração de minuta de contrato, quando necessária, que constará obrigatoriamente como anexo do edital de licitação.

- A modalidade de licitação, o critério de julgamento, o modo de disputa e a adequação e eficiência da forma de combinação de tais parâmetros, para os fins de seleção da proposta apta a gerar o resultado de contratação mais vantajoso para a Administração Pública, considerado todo o ciclo de vida do objeto.

- A motivação sobre o momento da divulgação do orçamento da licitação, observado o art. 24 desta Lei.

O art. 24 estabelece que, desde que justificado, o orçamento estimado da contratação poderá ter caráter sigiloso, sem prejuízo da divulgação do detalhamento do quantitativo, e demais informações necessárias para a elaboração das propostas.

O inciso I deixa claro, no entanto, os órgãos de controle interno e externo poderão ter acesso ao orçamento estimado.

Além disso, o parágrafo único do art. 24 prevê que quando for adotado o critério de julgamento por maior desconto, o preço estimado ou valor máximo aceitável deverá constar do edital da licitação, pois só assim será possível aos licitantes elaborarem suas propostas.

1.7.1.2 Audiência pública ou consulta pública

Muitas vezes, é interessante para a Administração Pública ouvir a opinião de especialistas em um assuntou ou da comunidade em geral sobre determinada licitação. Assim, de acordo com o art. 21, a Administração poderá convocar, com antece-

> O art. 39 da Lei 8.666/93 só prevê a audiência pública quando a licitação tiver um valor estimado de cem vezes o valor da concorrência para obras e serviços de engenharia (art. 23, I, c).

dência mínima de 8 (oito) dias úteis, audiência pública, presencial ou a distância, na forma eletrônica, sobre licitação que pretenda realizar, com disponibilização prévia de informações pertinentes, inclusive de estudo técnico preliminar e elementos do edital de licitação, e com possibilidade de manifestação de todos os interessados.

Também é possível, nos termos do parágrafo único, que a licitação seja submetida a prévia consulta pública, mediante disponibilização de seus elementos a todos os interessados, que poderem formular sugestões no prazo fixado.

1.7.1.3 Matriz de alocação de riscos

Uma importante inovação na Lei 14.133/2021 é a possibilidade de o edital prever uma matriz de alocação de riscos que seria, nos termos do art. 6º, XXVII, uma cláusula contratual definidora de riscos e de responsabilidades entre as partes e caracterizadora do equilíbrio econômico-financeiro inicial do contrato, em termos de ônus financeiro decorrente de eventos supervenientes à contratação, contendo, informações como a listagem de possíveis eventos supervenientes à assinatura do contrato que possam causar impacto no equilíbrio econômico-financeiro, previsão de eventual necessidade de termo aditivo etc.

CAPÍTULO 1 • LICITAÇÕES **35**

Assim, os riscos serão divididos, objetivamente, entre o contratante e o contratado, estabelecendo as responsabilidades de cada parte do contrato (art. 22, § 1º).

De acordo com o art. 22, o edital poderá contemplar matriz de alocação de riscos entre o contratante e o contratado, hipótese em que o cálculo do valor estimado da contratação poderá considerar taxa de risco compatível com o objeto da licitação e com os riscos atribuídos ao contratado, de acordo com metodologia predefinida pelo ente federativo, sendo que o art. 22, § 2º estabelece os principais elementos que devem ser contemplados na matriz de riscos.

No caso de contratação de obras e serviços de grande vulto ou quando forem adotados os regimes de contratação integrada ou semi-integrada, o edital obrigatoriamente contemplará matriz de alocação de riscos (art. 22, § 3º), não sendo apenas uma possibilidade.

Nos termos do art. 6º, XXII, são obras e serviços de grande vulto aqueles cujo valor estimado supera R$ 200.000.000,00 (duzentos milhões de reais).

Ainda com relação ao regime de contratação integrada ou semi-integrada, o § 4º determina que os riscos decorrentes de fatos supervenientes à contratação associados à escolha da solução de projeto básico pelo contratado deverão ser alocados como de sua responsabilidade.

1.7.1.4 Edital da licitação

O edital será o instrumento convocatório da licitação, que deverá ser observado tanto pela Administração quanto pelos licitantes. Nos termos do art. 25, o edital deverá conter o objeto da licitação e as regras relativas à convocação, ao julgamento, à habilitação, aos recursos e às penalidades da licitação, à fiscalização e à gestão do contrato, à entrega do objeto e às condições de pagamento.

O § 1º estabelece que sempre que o objeto permitir, a Administração adotará minutas padronizadas de edital e de contrato com cláusulas uniformes.

Para garantir que todos possam ter acesso ao instrumento convocatório, o § 3º determina que todos os elementos do edital, incluídos minuta de contrato, termos de referência, anteprojeto, projetos e outros anexos, deverão ser divulgados em sítio eletrônico oficial na mesma data de divulgação do edital, sem necessidade de registro ou de identificação para acesso.

O art. 25, § 2º traz a possibilidade de o edital prever a utilização de mão de obra, materiais, tecnologias e matérias-primas existentes no local da execução, conservação e operação do bem, serviço ou obra, desde que, conforme demonstrado em estudo técnico preliminar, não sejam causados prejuízos à competitividade do processo licitatório e à eficiência do respectivo contrato.

No caso de obras, serviços e fornecimentos de grande vulto (acima de R$200.000.000), o edital deverá prever a obrigatoriedade de implantação de programa de integridade pelo licitante vencedor, no prazo de 6 (seis) meses, contado da celebração do contrato, conforme regulamento que disporá sobre as medidas a serem adotadas, a forma de comprovação e as penalidades pelo seu descumprimento, conforme § 4º.

Outro item obrigatório no edital, pelo art. 25, § 7º, será a previsão de índice de reajustamento de preço, com data-base vinculada à data do orçamento estimado e com a possibilidade de ser estabelecido mais de um índice específico ou setorial, em conformidade com a realidade de mercado dos respectivos insumos, independentemente do prazo de duração do contrato.

Ainda com relação ao reajustamento, o art. 25, § 8º traz regra específica com relação às licitações de serviços contínuos. Observado o intervalo mínimo de 1 (um) ano, o critério de reajustamento será por:

- reajustamento em sentido estrito, quando não houver regime de dedicação exclusiva de mão de obra ou predominância de mão de obra, mediante previsão de índices específicos ou setoriais. O reajustamento está conceituado no art. 6º, LVIII, sendo a aplicação do índice de correção monetária previsto no contrato.

- repactuação, quando houver regime de dedicação exclusiva de mão de obra ou predominância de mão de obra, mediante demonstração analítica da variação dos custos. A repactuação, conforme art. 6º, LIX, é realizada por meio da análise da variação dos custos contratuais, devendo estar prevista no edital com data vinculada à apresentação das propostas, para os custos decorrentes do mercado, e com data vinculada ao acordo, à convenção coletiva ou ao dissídio coletivo ao qual o orçamento esteja vinculado, para os custos decorrentes da mão de obra.

Pode ser que, para execução do contrato a ser firmado, seja necessário algum licenciamento ambiental ou desapropriação. Por isso, o § 5º estabelece que o edital poderá prever a responsabilidade do contratado pela obtenção do licenciamento ambiental e da realização da desapropriação autorizada pelo poder público. Caso seja necessária a obtenção de licenciamento, o § 6º do mesmo artigo estabelece que os licenciamentos ambientais de obras e serviços de engenharia licitados e contratados nos termos desta Lei terão prioridade de tramitação nos órgãos e entidades integrantes do Sistema Nacional do Meio Ambiente (Sisnama) e deverão ser orientados pelos princípios da celeridade, da cooperação, da economicidade e da eficiência.

Por fim, o art. 25, § 9º traz previsão interessante, em que o edital poderá, na forma disposta em regulamento, exigir que percentual mínimo da mão de obra responsável pela execução do objeto da contratação seja constituído por mulheres vítimas de violência doméstica ou oriundos ou egressos do sistema prisional.

1.7.2 Divulgação do edital de licitação

O art. 53 estabelece que, ao final da fase preparatória, o processo licitatório seguirá para o órgão de assessoramento jurídico da Administração, que realizará controle prévio de legalidade mediante análise jurídica da contratação.

O órgão de assessoramento jurídico deverá elaborar um parecer, em que deverá, nos termos do art. 53, § 1º:

- apreciar o processo licitatório conforme critérios objetivos prévios de atribuição de prioridade.

- redigir sua manifestação em linguagem simples e compreensível e de forma clara e objetiva, com apreciação de todos os elementos indispensáveis à contratação e com exposição dos pressupostos de fato e de direito levados em consideração na análise jurídica.

O controle prévio de legalidade pelo órgão de assessoramento jurídico também será realizado, nos termos do art. 53, § 4º, nas contratações diretas, acordos, termos de cooperação, convênios, ajustes, adesões a atas de registro de preços, outros instrumentos congêneres e de seus termos aditivos. Só não será necessário este controle prévio, sendo dispensável a análise jurídica, nas hipóteses previamente definidas em ato da autoridade jurídica máxima competente, que deverá considerar o baixo valor, a baixa complexidade da contratação, a entrega imediata do bem ou a utilização de minutas de editais e instrumentos de contrato, convênio ou outros ajustes previamente padronizados pelo órgão de assessoramento jurídico, conforme o § 5º.

De acordo com o art. 53, § 3º, encerrada a instrução do processo sob os aspectos técnico e jurídico, a autoridade determinará a divulgação do edital de licitação.

A publicidade do edital de licitação será realizada mediante divulgação e manutenção do inteiro teor do ato convocatório e de seus anexos no Portal Nacional de Contratações Públicas (PNCP), conforme art. 54.

> A divulgação dos avisos de edital, prevista no art. 21 da Lei 8.666/93, é bem diferente do previsto na Lei 14.133/2021, visto que a nova lei cria o Portal Nacional de Contratações Públicas (PNCP).

O § 1º do art. 54 também prevê que, sem prejuízo da divulgação no PNCP, é obrigatória a publicação de extrato do edital no Diário Oficial da União, do Estado, do Distrito Federal ou do Município, ou, no caso de consórcio público, do ente de maior nível entre eles, bem como em jornal diário de grande circulação. O referido parágrafo havia sido vetado pelo Presidente da República, mas o veto foi derrubado pelo Congresso Nacional.

Além de ser publicado no PNCP, é facultada a divulgação do edital e seus anexos em sítio eletrônico oficial do ente federativo do órgão ou entidade responsável pela licitação ou, no caso de consórcio público, no ente de maior nível entre eles, sendo admitida, ainda, a divulgação direta a interessados devidamente cadastrados (art. 54, § 2º).

Ao fim da licitação, depois da sua homologação, o § 3º determina que serão disponibilizados no Portal Nacional de Contratações Públicas e, se o órgão ou entidade responsável pela licitação entender cabível, também no sítio referido no § 2º deste artigo, os documentos elaborados na fase preparatória que porventura não tenham integrado o edital e seus anexos.

1.7.2.1 Impugnação do edital de licitação

Depois de divulgado o edital, pode ser que alguém queira impugná-lo, administrativamente, por entender haver alguma irregularidade na aplicação da lei, ou, ainda, solicitar algum esclarecimento. Para isso, o art. 164 da Lei 14.133/2021 estabelece que qualquer pessoa é parte legítima para impugnar edital de licitação por irregularidade na aplicação desta Lei ou para solicitar esclarecimento sobre os seus termos, devendo protocolar o pedido até 3 (três) dias úteis antes da data de abertura do certame.

> O art. 41, § 1º da Lei 8.666/93 estabelece que qualquer cidadão é parte legítima para impugnar edital no prazo de até 5 dias úteis antes da data fixada para a abertura dos envelopes de habilitação, devendo a Administração responder em até 3 dias úteis. Ainda, traz um prazo diferente para o licitante, no art. 41, § 2º.

De acordo com o parágrafo único, a resposta à impugnação ou ao pedido de esclarecimento será divulgada em sítio eletrônico oficial no prazo de até 3 (três) dias úteis, limitado ao último dia útil anterior à data da abertura do certame.

1.7.3 Apresentação de propostas e lances

A partir da data de divulgação do edital de licitação, começa-se a contar os prazos, previstos no edital, para que os licitantes interessados apresentem as suas propostas ou lances. Os **prazos mínimos** estão previstos no art. 55 da Lei 14.133/2021:

> Os prazos do art. 21 da Lei 8.666/93 são diferentes dos prazos na nova lei.

Contratação	Critérios de julgamento/ regime de execução	Prazo mínimo
Aquisição de bens	Menor preço ou maior desconto	8 dias úteis
	Demais hipóteses	15 dias úteis
Serviços e obras	Menor preço ou maior desconto, no caso de serviços comuns ou de obras e serviços comuns de engenharia	10 dias úteis
	Menor preço ou maior desconto, no caso de serviços especiais ou de obras e serviços especiais de engenharia	25 dias úteis
	Regime de execução de contratação integrada	60 dias úteis
	Regime de execução de contratação semi-integrada ou outras hipóteses	35 dias úteis
Licitação que se adote o critério de julgamento maior lance		15 dias úteis
Licitação que se adote o critério de julgamento de técnica e preço ou de melhor técnica ou conteúdo artístico		35 dias úteis

De acordo com o art. 55, § 1º, eventuais modificações no edital implicarão nova divulgação na mesma forma de sua divulgação inicial, além do cumprimento dos mesmos prazos dos atos e procedimentos originais, exceto quando a alteração não comprometer a formulação das propostas. Isso porque é necessário se garantir publicidade das alterações, mas no caso de essas alterações não prejudicarem em nada a formulação das propostas, não será necessária a abertura de novos prazos.

Ainda com relação aos prazos mínimos, o § 2º prevê que poderão, mediante decisão fundamentada, ser reduzidos até a metade nas licitações realizadas pelo Ministério da Saúde, no âmbito do Sistema Único de Saúde (SUS).

Na Lei 8.666/93, as propostas eram sempre apresentadas em envelopes lacrados, que só seriam abertos no momento da fase de julgamento das propostas. Já a Lei 14.133/2021 possibilita modos de disputa diferentes no art. 56, que poderão ser aplicados isolados ou cumulativamente.

O modo de disputa fechado se assemelha ao que era previsto na Lei 8.666/93, em que as propostas permanecerão em sigilo até a data e hora designadas para a sua divulgação, conforme o art. 56, II, Lei 14.133/2021.

Já o modo de disputa aberto, nos termos do art. 56, I, ocorrerá quando os licitantes apresentarão suas propostas por meio de lances públicos e sucessivos, crescentes ou decrescentes.

A escolha de um modo de disputa ou de outro será realizada a critério da Administração e será prevista no edital.

Nos termos do § 1º, a utilização isolada do modo de disputa fechado será vedada quando adotados os critérios de julgamento de menor preço ou de maior desconto. Isso porque no caso de menor preço ou maior desconto, o modo de disputa aberto é muito mais eficiente para se alcançar a melhor proposta para a Administração.

Ainda, o § 2º veda o modo de disputa aberto quando adotado o critério de julgamento de técnica e preço, pois, em tal situação, a proposta deve ser fechada e permanecer em sigilo até o momento oportuno.

Quando adotado o critério de julgamento maior lance, serão considerados intermediários os lances iguais ou inferiores ao maior lance, pois não será a melhor proposta na licitação, mas, ainda assim, podem ser apresentados, pois, caso o autor da melhor proposta seja inabilitado, outras poderão vir a vencer a licitação. Quando adotados os demais critérios de julgamento, serão considerados intermediários os lances iguais ou superiores ao menor já ofertado, pelo mesmo motivo de que não será a melhor proposta, em princípio, mas poderá ser analisado, a depender do caso.

Nos termos do § 4º, após a definição da melhor proposta, se a diferença em relação à proposta classificada em segundo lugar for de pelo menos 5% (cinco por cento), a Administração poderá admitir o reinício da disputa aberta, nos termos estabelecidos no instrumento convocatório, para a definição das demais colocações.

Ainda com relação à apresentação das propostas, de acordo com o art. 58, poderá ser exigida, no momento da apresentação da proposta, a comprovação do recolhimento de quantia a título de garantia de proposta, como requisito de pré-habilitação, que não poderá ser superior a 1% (um por cento) do valor estimado para a contratação.

Essa garantia servirá para assegurar caso o licitante vencedor se recuse a assinar o contrato ou não apresente os documentos para a contratação, caso em que a Administração executará o valor integral da garantia.

> O art. 31, III, da Lei 8.666/93 prevê como um dos documentos relativos à qualificação econômico-financeira a garantia, limitada a 1% do valor estimado da contratação.

Depois de 10 dias úteis da assinatura do contrato ou de fracassada a licitação, a garantia de proposta será devolvida aos licitantes, nos termos do § 2º, caso não seja o licitante vencedor.

1.7.4 Julgamento das propostas

Depois de apresentadas as propostas, inicia-se a fase de julgamento, com base no critério de julgamento previsto no edital. O art. 59 estabelece as hipóteses de desclassificação das propostas, em que a proposta não é considerada aceitável, por algum dos motivos previstos abaixo, quando as propostas:

* Contiverem vícios insanáveis.

Ou seja, não for possível sanar o defeito da proposta apresentada.

* Não obedecerem às especificações técnicas pormenorizadas no edital.

A proposta, para ser aceita, precisa estar de acordo com o edital, caso contrário o contrato não poderia ser executado depois.

* Apresentarem preços inexequíveis ou permanecerem acima do orçamento estimado para a contratação.

Conforme já apresentado, o art. 59, § 4º prevê que no caso de obras e serviços de engenharia, serão consideradas inexequíveis as propostas cujos valores forem inferiores a 75% (setenta e cinco por cento) do valor orçado pela Administração.

> Os percentuais para inexequibilidade da proposta e possibilidade de prestação de garantia são diferentes no art. 48, § § 1º e 2º, Lei 8.666/93.

No entanto, essa inexequibilidade pode ser relativizada quando o licitante apresentar garantia. É o que dispõe o § 5º, ao afirmar que nas contratações de obras e serviços de engenharia, será exigida garantia adicional do licitante vencedor cuja proposta for inferior a 85% (oitenta e cinco por cento) do valor orçado pela Administração, equivalente à diferença entre este último e o valor da proposta, sem prejuízo das demais garantias exigíveis de acordo com esta Lei.

* Não tiverem sua exequibilidade demonstrada, quando exigido pela Administração.

De acordo com o § 2º, a Administração poderá realizar diligências para verificar a exequibilidade das propostas, ou exigir dos licitantes que ela seja demonstrada. Caso ele não consiga demonstrar, a proposta será desclassificada.

CAPÍTULO 1 • LICITAÇÕES

- Apresentarem desconformidade com quaisquer outras exigências do edital, desde que insanável.

De acordo com o § 1º, a verificação da conformidade das propostas poderá ser feita exclusivamente em relação à proposta mais bem classificada. Ou seja, depois de identificada a melhor proposta, com base no critério de julgamento previsto no edital, verifica se a melhor proposta está em conformidade com as outras exigências do edital.

Ponto importante com relação ao julgamento das propostas é sobre os critérios de desempate, em caso de empate entre duas ou mais propostas. De acordo com o art. 60, devem ser utilizados os seguintes critérios, na seguinte ordem:

> Os critérios de desempate da Lei 8.666/93 são diferentes, sendo aplicados os critérios do art. 3º, § 2º, e, após, sorteio.

- Disputa final, em que os licitantes empatados poderão apresentar nova proposta em ato contínuo à classificação.

- Avaliação do desempenho contratual prévio dos licitantes, para a qual deverão preferencialmente ser utilizados registros cadastrais para efeito de atesto de cumprimento de obrigações previstos nesta Lei.

- Desenvolvimento pelo licitante de ações de equidade entre homens e mulheres no ambiente de trabalho, conforme regulamento.

- Desenvolvimento pelo licitante de programa de integridade, conforme orientações dos órgãos de controle.

Se não houver desempate com base nos critérios anteriores, o § 1º estabelece que, em igualdade de condições, será assegurada preferência, sucessivamente, aos bens e serviços produzidos ou prestados por:

- Empresas estabelecidas no território do Estado ou do Distrito Federal do órgão ou entidade da Administração Pública estadual ou distrital licitante ou, no caso de licitação realizada por órgão ou entidade de Município, no território do Estado em que este se localize.

- Empresas brasileiras.

- Empresas que invistam em pesquisa e no desenvolvimento de tecnologia no País.

- Empresas que comprovem a prática de mitigação, nos termos da Lei 12.187, de 29 de dezembro de 2009 (que trata da Política Nacional sobre Mudança do Clima).

No entanto, o art. 60, § 2º estabelece que as regras de desempate previstas no artigo não prejudicarão a aplicação do disposto no art. 44 da Lei Complementar 123/2006, que prevê que nas licitações será assegurada, como critério de desempate, preferência de contratação para as microempresas e empresas de pequeno porte.

Por fim, uma inovação da Lei 14.133/2021 é a previsão do art. 61, que estabelece que definido o resultado do julgamento, a Administração poderá negociar condições mais vantajosas com o primeiro colocado. O § 1º, a negociação poderá ser feita com os demais licitantes, segundo a ordem de classificação inicialmente estabelecida, quando o primeiro colocado, mesmo após a negociação, for desclassificado em razão de sua proposta permanecer acima do preço máximo definido pela Administração. Essa negociação, nos termos do § 2º, será conduzida por agente de contratação ou comissão de contratação, na forma de regulamento, e, depois de concluída, terá seu resultado divulgado a todos os licitantes e anexado aos autos do processo licitatório.

1.7.5 Habilitação

Após a fase de julgamento das propostas, passa-se à fase de habilitação, em que se verifica o conjunto de informações e documentos necessários e suficientes para demonstrar a capacidade do licitante de realizar o objeto da licitação.

Em princípio, a análise de habilitação será realizada apenas com relação ao licitante vencedor no julgamento das propostas, conforme estabelece o art. 63, II. No entanto, importante lembrar que o art. 17, § 1º traz a possibilidade de que, mediante ato motivado com explicitação dos benefícios decorrentes, a fase de habilitação venha a anteceder a fase de apresentação de propostas e lances e julgamento das propostas, desde que expressamente previsto no edital. Portanto, analisar-se-á a documentação de habilitação de todos os licitantes.

Nos termos do art. 62, a análise da habilitação divide-se em:

    I – jurídica;

    II – técnica;

    III – fiscal, social e trabalhista;

    IV – econômico-financeira.

> Os critérios de habilitação da Lei 8.666/93 estão previstos no seu art. 27.

De acordo com o art. 63, I, poderá ser exigida dos licitantes a declaração de que atendem aos requisitos de habilitação, e o declarante responderá pela veracidade das informações prestadas, na forma da lei.

Além disso, serão exigidos os documentos relativos à regularidade fiscal, em qualquer caso, somente em momento posterior ao julgamento das propostas, e apenas do licitante mais bem classificado, nos termos do inciso III. Também será exigida do licitante declaração de que cumpre as exigências de reserva de cargos para pessoa com deficiência e para reabilitado da Previdência Social, previstas em lei e em outras normas específicas, conforme art. 63, IV.

As propostas econômicas apresentadas deverão compreender a integralidade dos custos para atendimento dos direitos trabalhistas assegurados na Constituição Federal, nas leis trabalhistas, nas normas infralegais, nas convenções coletivas de

CAPÍTULO 1 • LICITAÇÕES **43**

trabalho e nos termos de ajustamento de conduta vigentes na data de entrega das propostas, sob pena de desclassificação, e, de acordo com o art. 63, § 1º, tal exigência deverá constar do edital de licitação.

De acordo com o art. 63, § 2º, quando a avaliação prévia do local de execução for imprescindível para o conhecimento pleno das condições e peculiaridades do objeto a ser contratado, o edital de licitação poderá prever, sob pena de inabilitação, a necessidade de o licitante atestar que conhece o local e as condições de realização da obra ou serviço, assegurado a ele o direito de realização de vistoria prévia. Caso os licitantes optem por realizar a vistoria prévia, a Administração deverá disponibilizar data e horário diferentes para os eventuais interessados, conforme § 4º.

Por fim, nos termos do § 3º, o edital de licitação sempre deverá prever a possibilidade de substituição da vistoria por declaração formal assinada pelo responsável técnico do licitante acerca do conhecimento pleno das condições e peculiaridades da contratação.

Depois de entregues os documentos de habilitação, o art. 64 estabelece que não será permitida a substituição ou a apresentação de novos documentos. No entanto, o próprio artigo traz ressalvas, em sede de diligência, para:

> De acordo com o art. 43, § 3º da Lei 8.666/93, é facultada à Comissão ou autoridade, em qualquer fase da licitação, a promoção de diligência destinada a esclarecer ou complementar a instrução do processo, vedada a inclusão posterior de documento ou informação que deveria constar originariamente da proposta.

- Complementação de informações acerca dos documentos já apresentados pelos licitantes e desde que necessária para apurar fatos existentes à época da abertura do certame.

- Atualização de documentos cuja validade tenha expirado após a data de recebimento das propostas.

De acordo com o § 1º, quando estiver analisando os documentos de habilitação, a comissão de licitação poderá sanar erros ou falhas que não alterem a substância dos documentos e sua validade jurídica, mediante despacho fundamentado registrado e acessível a todos, atribuindo-lhes eficácia para fins de habilitação e classificação.

Como já visto, apesar de o art. 17 trazer, em regra, a fase de habilitação depois do julgamento das propostas, é possível que, excepcionalmente, a fase de habilitação anteceda a de julgamento. De acordo com o art. 64, § 2º, quando a fase de habilitação já tiver sido encerrada, não caberá exclusão de licitante por motivo relacionado à habilitação, salvo em razão de fatos supervenientes ou só conhecidos após o julgamento.

1.7.5.1 Apresentação dos documentos de habilitação

O art. 70 estabelece como deve ser a apresentação dos documentos de habilitação. De acordo com o inciso I, a documentação poderá ser apresentada em original, por cópia ou por qualquer outro meio expressamente admitido pela Administração, no entanto, o inciso II prevê a possibilidade de que a documentação seja substituída por registro cadastral emitido por órgão ou entidade pública, desde que previsto no edital e que o registro tenha sido feito em obediência ao disposto nesta Lei.

Ainda, o inciso III do art. 70 estabelece que a documentação de habilitação poderá ser dispensada, total ou parcialmente, nas contratações para entrega imediata, nas contratações em valores inferiores a 1/4 (um quarto) do limite para dispensa de licitação para compras em geral e nas contratações de produto para pesquisa e desenvolvimento até o valor de R$ 300.000,00 (trezentos mil reais).

1.7.5.2 Habilitação jurídica

O art. 66 trata da habilitação jurídica, que visa a demonstrar a capacidade de o licitante exercer direitos e assumir obrigações, e a documentação a ser apresentada por ele limita-se

> A habilitação jurídica, na Lei 8.666/93, está prevista no art. 28.

à comprovação de existência jurídica da pessoa e, quando cabível, de autorização para o exercício da atividade a ser contratada.

1.7.5.3 Habilitação técnica

Já o art. 67 estabelece qual a documentação será relativa à qualificação técnico-profissional e técnico-operacional, que será restrita aos seguintes documentos:

> A habilitação técnica, na Lei 8.666/93, está prevista no art. 30.

- I – apresentação de profissional, devidamente registrado no conselho profissional competente, quando for o caso, detentor de atestado de responsabilidade técnica por execução de obra ou serviço de características semelhantes, para fins de contratação;

- II – certidões ou atestados, regularmente emitidos pelo conselho profissional competente, quando for o caso, que demonstrem capacidade operacional na execução de serviços similares de complexidade tecnológica e operacional equivalente ou superior, bem como documentos comprobatórios emitidos na forma do § 3º do art. 88 desta Lei;

- III – indicação do pessoal técnico, das instalações e do aparelhamento adequados e disponíveis para a realização do objeto da licitação, bem como da qualificação de cada membro da equipe técnica que se responsabilizará pelos trabalhos;

- IV – prova do atendimento de requisitos previstos em lei especial, quando for o caso;

- V – registro ou inscrição na entidade profissional competente, quando for o caso;

- VI – declaração de que o licitante tomou conhecimento de todas as informações e das condições locais para o cumprimento das obrigações objeto da licitação.

Com relação aos documentos que comprovam a habilitação técnica, é pertinente fazer algumas considerações importantes.

Os incisos I e II exigem a apresentação de atestados sobre a responsabilidade técnica dos profissionais e que demonstrem a capacidade operacional na execução de serviços similares. De acordo com o § 1º do art. 67, a exigência destes atestados será restrita às parcelas de maior relevância ou valor significativo do objeto da licitação, assim consideradas as que tenham valor individual igual ou superior a 4% (quatro por cento) do valor total estimado da contratação. Ainda, nos termos do § 2º, observado o disposto no caput e no § 1º do art. 67, será admitida a exigência de atestados com quantidades mínimas de até 50% (cinquenta por cento) das parcelas de que trata o § 1º, vedadas limitações de tempo e de locais específicos relativas aos atestados.

Ainda com relação às exigências dos incisos I e II, o § 3º do art. 67 estabelece que, salvo na contratação de obras e serviços de engenharia, tais exigências, a critério da Administração, poderão ser substituídas por outra prova de que o profissional ou a empresa possui conhecimento técnico e experiência prática na execução de serviço de características semelhantes, hipótese em que as provas alternativas aceitáveis deverão ser previstas em regulamento.

De acordo com o § 5º, em se tratando de serviços contínuos, o edital poderá exigir certidão ou atestado que demonstre que o licitante tenha executado serviços similares ao objeto da licitação, em períodos sucessivos ou não, por um prazo mínimo, que não poderá ser superior a 3 (três) anos.

É possível, como será analisado em momento oportuno, a subcontratação, por isso, o § 9º estabelece que o edital poderá prever, para aspectos técnicos específicos, que a qualificação técnica seja demonstrada por meio de atestados relativos a potencial subcontratado, limitado a 25% (vinte e cinco por cento) do objeto a ser licitado, hipótese em que mais de um licitante poderá apresentar atestado relativo ao mesmo potencial subcontratado.

Os incisos I e III exigem a indicação de profissionais competentes e indicações do pessoal técnico, sendo que, nos termos do § 6º, os profissionais indicados pelo licitante deverão participar da obra ou serviço objeto da licitação, e será admitida a sua substituição por profissionais de experiência equivalente ou superior, desde que aprovada pela Administração. Ainda com relação a estes profissionais, o § 8º estabelece que será admitida a exigência da relação dos compromissos assumidos pelo licitante que importem em diminuição da disponibilidade do pessoal técnico referido nos incisos I e III.

Ainda, como visto no art. 15, é possível a participação de empresas em consórcio. Quando for necessária a comprovação de desempenho anterior, é possível que uma empresa se utilize de desempenho em consórcio para demonstrar sua experiência, nos termos do § 10 e 11.

Ao fim, o § 12 prevê que na indicação dos profissionais prevista no inciso I, não serão admitidos atestados de responsabilidade técnica de profissionais que, na forma de regulamento, tenham dado causa à aplicação das sanções previstas nos incisos III e IV do caput do art. 156 desta Lei em decorrência de orientação proposta, de prescrição técnica ou de qualquer ato profissional de sua responsabilidade.

1.7.5.4 Habilitação fiscal, social e trabalhista

De acordo com o art. 68, as habilitações fiscal, social e trabalhista serão aferidas mediante a verificação dos seguintes requisitos:

> O art. 29 da Lei 8.666/93 estabelecia a documentação necessária para comprovar a regularidade fiscal e trabalhista.

- I – a inscrição no Cadastro de Pessoas Físicas (CPF) ou no Cadastro Nacional da Pessoa Jurídica (CNPJ);
- II – a inscrição no cadastro de contribuintes estadual e/ou municipal, se houver, relativo ao domicílio ou sede do licitante, pertinente ao seu ramo de atividade e compatível com o objeto contratual;
- III – a regularidade perante a Fazenda federal, estadual e/ou municipal do domicílio ou sede do licitante, ou outra equivalente, na forma da lei;
- IV – a regularidade relativa à Seguridade Social e ao FGTS, que demonstre cumprimento dos encargos sociais instituídos por lei;
- V – a regularidade perante a Justiça do Trabalho;
- VI – o cumprimento do disposto no inciso XXXIII do art. 7º da Constituição Federal, que estabelece a proibição de trabalho noturno, perigoso ou insalubre a menores de dezoito e de qualquer trabalho a menores de dezesseis anos, salvo na condição de aprendiz, a partir de quatorze anos.

1.7.5.5 Habilitação econômico-financeira

Por fim, a habilitação econômico-financeira está prevista no art. 69, visando demonstrar a aptidão econômica do licitante para cumprir as obrigações decorrentes do futuro contrato, devendo ser comprovada de forma objetiva, por coeficientes e índices econômicos previstos no edital, devidamente justificados no processo licitatório. Tal habilitação será restrita à apresentação da seguinte documentação:

> A habilitação econômico-financeira, na Lei 8.666/93, está prevista no art. 31.

- I – balanço patrimonial, demonstração de resultado de exercício e demais demonstrações contábeis dos 2 (dois) últimos exercícios sociais;
- II – certidão negativa de feitos sobre falência expedida pelo distribuidor da sede do licitante.

Quando a pessoa jurídica tiver sido constituída já menos de 2 anos, o § 6º estabelece que os documentos do inciso I limitar-se-ão ao último exercício financeiro.

CAPÍTULO 1 • LICITAÇÕES | **47**

Nas compras para entrega futura e na execução de obras e serviços, a Administração poderá estabelecer, no edital, a exigência de capital mínimo ou de patrimônio líquido mínimo equivalente a até 10% do valor estimado da contratação, de acordo com o art. 69, § 4º.

Nos termos do § 2º, é vedada a exigência de valores mínimos de faturamento anterior e de índices de rentabilidade ou lucratividade. Também é vedada, nos termos do § 5º, a exigência de índices e valores não usualmente adotados para a avaliação de situação econômico-financeira suficiente para o cumprimento das obrigações decorrentes da licitação.

Por fim, o § 3º estabelece que é admitida a exigência da relação dos compromissos assumidos pelo licitante que importem em diminuição de sua capacidade econômico-financeira, excluídas parcelas já executadas de contratos firmados.

1.7.6 Fase recursal

Do julgamento das propostas, e também da habilitação ou inabilitação dos licitantes, é cabível recurso administrativo, nos termos do art. 165, I, *b* e *c*.

> Os recursos em fase do julgamento das propostas, habilitação ou inabilitação, na Lei 8.666/93, estão previstos no art. 109, com o prazo de 5 dias úteis. Grande diferença é que na Lei 8.666/93 os recursos acontecem em momentos específicos, ao fim de cada fase, diferente da Lei 14.133/2021, em que ocorrem em fase única.

O recurso terá o prazo de até 3 dias úteis, contado da data de intimação ou de lavratura da ata.

De acordo com o § 1º, nas hipóteses de recurso em virtude do julgamento da propostas, habilitação e inabilitação, a intenção de recorrer deverá ser manifestada imediatamente, sob pena de preclusão, e o prazo para apresentação das razões recursais (3 dias úteis) será iniciado na data de intimação ou de lavratura da ata de habilitação ou inabilitação, sendo que a sua apreciação dar-se-á em fase única.

Assim, logo após o julgamento, ou logo após a habitação, o licitante deve manifestar sua intenção de recorrer, mas só se inicia o prazo para apresentar as razões do recurso depois de fase de habilitação, que é quando será iniciada a fase recursal, em que todos os recursos serão apreciados.

Excepcionalmente, quando a habilitação ocorrer antes do julgamento, o prazo para apresentação das razões recursais e a apreciação dos recursos se inicia depois da ata de julgamento.

O art. 165, § § 2º estabelece que o recurso de que trata o inciso I do caput deste artigo será dirigido à autoridade que tiver editado o ato ou proferido a decisão recorrida, que, se não reconsiderar o ato ou a decisão no prazo de 3 (três) dias úteis, encaminhará o recurso com a sua motivação à autoridade superior, a qual deverá proferir sua decisão no prazo máximo de 10 (dez) dias úteis, contado do recebimento dos autos. O

> Nos termos do art. 109, § 4º da Lei 8.666/93, o recurso será dirigido à autoridade superior, por intermédio de quem emitiu a decisão, que poderá reconsiderá-la. Além dessa diferença, os prazos para reconsideração e decisão são diferentes.

acolhimento do recurso implicará a invalidação apenas dos atos insuscetíveis de aproveitamento, conforme § 3º. O prazo para contrarrazões (§ 4º) será o mesmo do recurso e terá início na data de intimação pessoal ou de divulgação da interposição do recurso.

Ainda, o art. 168 determina que o recurso e o pedido de reconsideração terão efeito suspensivo do ato ou da decisão recorrida até que sobrevenha decisão final da autoridade competente.

1.7.7 Homologação (Encerramento da licitação)

Encerradas as fases de julgamento das propostas e habilitação, e exauridos todos os recursos administrativos, o art. 71 estabelece que o processo licitatório será encaminhado à autoridade superior. Essa autoridade superior analisará todo o processo, podendo se chegar a quatro situações:

- I – determinar o retorno dos autos para saneamento de irregularidades.

Se o processo tem uma irregularidade sanável, a autoridade determina o seu retorno para o agente de contratação (ou comissão de contratação) para sanar a irregularidade.

- II – revogar a licitação por motivo de conveniência e oportunidade.

> As hipóteses de revogação e anulação do processo licitatório estão previstas, na Lei 8.666/93, no art. 49.

Caso, por um fato superveniente devidamente comprovado, não tenha mais conveniência ou oportunidade na contratação, o processo licitatório pode vir a ser revogado (art. 71, § 2º).

- III – proceder à anulação da licitação, de ofício ou mediante provocação de terceiros, sempre que presente ilegalidade insanável.

O processo licitatório não pode apresentar ilegalidade, pois, se for o caso, deve ser anulado. De acordo com o § 1º, ao pronunciar a nulidade, a autoridade indicará expressamente os atos com vícios insanáveis, tornando sem efeito todos os subsequentes que deles dependam, e dará ensejo à apuração de responsabilidade de quem lhes tenha dado causa.

O § 3º estabelece que nos casos de anulação e revogação, deverá ser assegurada prévia manifestação dos interessados.

- IV – adjudicar o objeto e homologar a licitação.

A adjudicação é o ato pelo qual a Administração declara o licitante vencedor. Depois de analisar todo o processo licitatório, estando tudo certo, a autoridade superior declara o licitante vencedor e homologa a licitação, encerrando o processo.

1.8 CONTRATAÇÃO DIRETA

Como analisado até o presente momento, em regra, as contratações da Administração Pública devem ser precedidas de licitação, às quais devem ser aplicadas as regras da legislação. No entanto, a própria Constituição, no art. 37, XXI, possibilita ressalvas a essa regra, o que é estabelecido, na Lei 14.133/2021, como as hipóteses de licitação inexigível, dispensável e dispensada.

Ao estabelecer que a Administração não precisará realizar licitação, não significa dizer que não existe um processo a ser seguido, pois mesmo quando se adota a licitação, a lei estabelece as medidas necessárias para garantir que os princípios da lei continuem sendo respeitados.

É o que dispõe o art. 72, ao afirmar que o processo de contratação direta, que compreende os casos de inexigibilidade e de dispensa de licitação, deverá ser instruído com os seguintes documentos:

> Os documentos que deveriam compor o processo de dispensa ou inexigibilidade, na Lei 8.666/93, estão previstos no art. 26, parágrafo único.

- I – documento de formalização de demanda e, se for o caso, estudo técnico preliminar, análise de riscos, termo de referência, projeto básico ou projeto executivo;
- II – estimativa de despesa, que deverá ser calculada na forma estabelecida no art. 23 desta Lei;
- III – parecer jurídico e pareceres técnicos, se for o caso, que demonstrem o atendimento dos requisitos exigidos;
- IV – demonstração da compatibilidade da previsão de recursos orçamentários com o compromisso a ser assumido;
- V – comprovação de que o contratado preenche os requisitos de habilitação e qualificação mínima necessária;
- VI – razão da escolha do contratado;
- VII – justificativa de preço;
- VIII – autorização da autoridade competente.

Parágrafo único. O ato que autoriza a contratação direta ou o extrato decorrente do contrato deverá ser divulgado e mantido à disposição do público em sítio eletrônico oficial.

Toda essa documentação é necessária para garantir o controle da legalidade da contratação direta, visto que, de acordo com o art. 73, na hipótese de contratação direta indevida ocorrida com dolo, fraude ou erro grosseiro, o contratado e o agente público responsável responderão solidariamente pelo dano causado ao erário, sem prejuízo de outras sanções legais cabíveis.

> A inexigibilidade de licitação, no art. 25 da lei 8.666/93, também prevê um rol exemplificativo, em que se tem uma inviabilidade de competição.

1.8.1 Inexigibilidade de licitação

O art. 74 estabelece as hipóteses de licitação inexigível, que ocorrerá quando inviável a competição, ou seja, quando não for possível, através de critérios objetivos, estabelecer uma competição entre os licitantes.

> A inexigibilidade de licitação, no art. 25 da Lei 8.666/93, também prevê um rol exemplificativo, em que se tem uma inviabilidade de competição.

Importante ressaltar, desde já, que o rol do art. 74 é um rol exemplificativo, visto que traz a expressão "em especial nos casos de".

- I – Aquisição de materiais, de equipamentos ou de gêneros ou contratação de serviços que só possam ser fornecidos por produtor, empresa ou representante comercial exclusivos.

Essa primeira hipótese ocorre quando não existem mais pessoas que fornecem aquilo que a Administração visa contratar, portanto, inviável a competição.

> Parecido com o art. 25, I, Lei 8.666/93, que prevê a licitação inexigível para produtor, empresa ou representante comercial exclusivo.

De acordo com o § 1º, a Administração deverá demonstrar a inviabilidade de competição mediante atestado de exclusividade, contrato de exclusividade, declaração do fabricante ou outro documento idôneo capaz de comprovar que o objeto é fornecido ou prestado por produtor, empresa ou representante comercial exclusivos, vedada a preferência por marca específica.

Vale ressaltar, no entanto, que a escolha de marca vai ser possível nas hipóteses do art. 41, I, Lei 14.133/2021.

- II – contratação de profissional do setor artístico, diretamente ou por meio de empresário exclusivo, desde que consagrado pela crítica especializada ou pela opinião pública.

> Parecido com o art. 25, II, Lei 8.666/93, que prevê a licitação inexigível para profissional do setor artístico.

Para que a licitação seja inexigível, é necessário que o artista seja consagrado, seja pela crítica especializada seja pela opinião pública, o que faz com que não seja possível criar um critério objetivo para se fazer uma competição entre possível interessados.

Além disso, a contratação deve se dar diretamente ou através de empresário exclusivo.

O § 2º considera empresário exclusivo a pessoa física ou jurídica que possua contrato, declaração, carta ou outro documento que ateste a exclusividade permanente e contínua de representação, no País ou em Estado específico, do profissional do setor artístico, afastada a possibilidade de contratação direta por inexigibilidade por meio de empresário com representação restrita a evento ou local específico.

- III – contratação dos seguintes serviços técnicos especializados de natureza predominantemente intelectual com profissionais ou empresas de notória

CAPÍTULO 1 • LICITAÇÕES

especialização, vedada a inexigibilidade para serviços de publicidade e divulgação:

> Parecido com o art. 25, III, Lei 8.666/93, ao prever a licitação inexigível para os serviços técnicos. Não lista quais são os serviços, fazendo referência ao art. 13 da mesma lei.

a) estudos técnicos, planejamentos, projetos básicos ou projetos executivos;

b) pareceres, perícias e avaliações em geral;

c) assessorias ou consultorias técnicas e auditorias financeiras ou tributárias;

d) fiscalização, supervisão ou gerenciamento de obras ou serviços;

e) patrocínio ou defesa de causas judiciais ou administrativas;

f) treinamento e aperfeiçoamento de pessoal;

g) restauração de obras de arte e de bens de valor histórico;

h) controles de qualidade e tecnológico, análises, testes e ensaios de campo e laboratoriais, instrumentação e monitoramento de parâmetros específicos de obras e do meio ambiente e demais serviços de engenharia que se enquadrem no disposto neste inciso.

Percebe-se que os serviços enumerados são os mesmos serviços do art. 6º, XVIII, que, por serem de natureza técnica e intelectual, não possibilitam a utilização de critérios objetivos para se criar uma competição entre possíveis interessados.

Para que a licitação seja inexigível, é necessário que esteja se contratando profissional ou empresa de notória especialização, que o § 3º considera como o profissional ou a empresa cujo conceito no campo de sua especialidade, decorrente de desempenho anterior, estudos, experiência, publicações, organização, aparelhamento, equipe técnica ou outros requisitos relacionados com suas atividades, permita inferir que o seu trabalho é essencial e reconhecidamente adequado à plena satisfação do objeto do contrato.

Ainda com relação aos serviços técnicos, o § 4º é veda a subcontratação de empresas ou a atuação de profissionais distintos daqueles que tenham justificado a inexigibilidade.

> Como o credenciamento não é citado como um procedimento auxiliar na Lei 8.666/93, o art. 25 não trazia esta hipótese de inexigibilidade.

• IV – objetos que devam ou possam ser contratados por meio de credenciamento.

O credenciamento é um procedimento auxiliar à licitação, previsto no art. 79, em que a Administração não visa firmar um contrato com uma pessoa específica, e sim possibilitar que todos os interessados que preencham os requisitos possam se credenciar, vindo a prestar o serviço objeto do credenciamento. Assim, tem-se uma inexigibilidade de licitação, pois não vai haver uma competição entre os credenciados.

> Mudança importante em relação à Lei 8.666/93, pois a aquisição ou locação de imóvel cuja característica de instalação e de localização torne necessária sua escolha é citada como uma forma de licitação dispensável, no art. 24, X.

- V – aquisição ou locação de imóvel cujas características de instalações e de localização tornem necessária sua escolha.

Quando a Administração tem que adquirir ou locar um imóvel, em que suas características fazem com que a escolha tenha que ser aquele imóvel, tem-se uma inviabilidade de competição, portanto, licitação inexigível.

Nos termos do § 5º, devem ser observados os seguintes requisitos:

- avaliação prévia do bem, do seu estado de conservação, dos custos de adaptações, quando imprescindíveis às necessidades de utilização, e do prazo de amortização dos investimentos;

- certificação da inexistência de imóveis públicos vagos e disponíveis que atendam ao objeto;

- justificativas que demonstrem a singularidade do imóvel a ser comprado ou locado pela Administração e que evidenciem vantagem para ela.

1.8.2 Dispensa de licitação

O art. 75 estabelece as hipóteses de licitação dispensável. Vale ressaltar que o rol é taxativo, sendo essas apenas as hipóteses previstas em lei.

São diversas as situações que ensejam a licitação dispensável, como o valor de contratação, a falta de licitantes interessados ou todas as propostas não serem aceitáveis, etc. A seguir, serão analisadas tais situações.

1.8.2.1 Licitação dispensável em virtude do valor – Art. 75, I e II

De acordo com o art. 75, é dispensável a licitação:

- I – para contratação que envolva valores inferiores a R$ 100.000,00 (cem mil reais), no caso de obras e serviços de engenharia ou de serviços de manutenção de veículos automotores;

- II – para contratação que envolva valores inferiores a R$ 50.000,00 (cinquenta mil reais), no caso de outros serviços e compras;

> Importante alteração da Lei 14.133/2021. Isso porque a Lei 8.666/93 estabelece, em seu art. 24, I e II, que a licitação dispensável em virtude do valor se dá quando a licitação for até 10% o valor da modalidade convite. Como essa modalidade não existe mais, a Lei estabelece os valores específicos do art. 75, I e II.

Como o valor de contratação é mais baixo, a lei possibilita que o agente público faça a opção por não fazer a licitação, desde que, claro, cumpridos os requisitos do art. 72.

De acordo com o § 2º do art. 75, os valores dos incisos I e II serão duplicados para compras, obras e serviços contratados por consórcio público ou por autarquia ou fundação qualificadas como agências executivas na forma da lei.

As contratações de que tratam os incisos I e II do caput deste artigo serão preferencialmente precedidas de divulgação de aviso em sítio eletrônico oficial, pelo prazo mínimo de 3 (três) dias úteis, com a especificação do objeto pretendido e com a manifestação de interesse da Administração em obter propostas adicionais de eventuais interessados, devendo ser selecionada a proposta mais vantajosa, conforme o § 3º.

Ainda com relação a essas contratações dos incisos I e II, essas contratações serão preferencialmente pagas por meio de cartão de pagamento, cujo extrato deverá ser divulgado e mantido à disposição do público no Portal Nacional de Contratações Públicas (PNCP), de acordo com o § 4º.

Por fim, de acordo com o art. 75, § 1º, com relação a essas contratações dos incisos I e II, para fins de aferição dos valores que atendam aos limites referidos deverão ser observados:

I – o somatório do que for despendido no exercício financeiro pela respectiva unidade gestora;

II – o somatório da despesa realizada com objetos de mesma natureza, entendidos como tais aqueles relativos a contratações no mesmo ramo de atividade.

Essa previsão do § 1º não se aplica às contratações de até R$ 8.000,00 (oito mil reais) de serviços de manutenção de veículos automotores de propriedade do órgão ou entidade contratante, incluído o fornecimento de peças, nos termos do § 7º.

1.8.2.2 Licitação deserta e/ou fracassada

De acordo com o art. 75, III, a licitação será dispensável:

> Na Lei 8.666/93, a licitação deserta está prevista no art. 24, V, e a licitação fracassada no art. 24, VII. Uma alteração importante foi o estabelecimento do limite temporal de 1 ano, que não existe na Lei 8.666/93.
>
> Ainda, o art. 24, VII, prevê que deve ser dado um prazo para que todos os licitantes apresentem novas propostas, o que não está previsto no art. 75 da Lei 14.133/2021.

- III – para contratação que mantenha todas as condições definidas em edital de licitação realizada há menos de 1 (um) ano, quando se verificar que naquela licitação:

a) não surgiram licitantes interessados ou não foram apresentadas propostas válidas;

b) as propostas apresentadas consignaram preços manifestamente superiores aos praticados no mercado ou incompatíveis com os fixados pelos órgãos oficiais competentes;

Na primeira hipótese da alínea *a*, quando não surgirem licitantes interessados, ocorre o que chamamos de licitação deserta, em que a Administração publica o edital, mas não aparecem interessados para a licitação. Novidade surge na segunda hipótese da alínea *a*, em que tem interessados na licitação, mas nenhum licitante apresenta proposta válida.

Ainda, a alínea *b* apresenta outras situações que de licitação fracassada, em que existem interessados, mas todas as propostas apresentadas possuem preços manifestamente superiores aos do mercado ou incompatíveis com os fixados pelos órgãos oficiais competentes.

De toda maneira, tendo ou não interessados, a licitação não poderá ser concluída, cabendo a sua dispensa, desde que a contratação direta respeita as condições definidas em edital de licitação realizada há pelo menos 1 ano.

1.8.2.3 *Objetos que possibilitam a dispensa*

O inciso IV do art. 75 apresenta 13 alíneas com hipóteses de licitação dispensável, em que o objeto de contratação possibilitaria a contratação direta. Analisemos cada uma dessas hipóteses:

- IV – para contratação que tenha por objeto:

a) bens, componentes ou peças de origem nacional ou estrangeira necessários à manutenção de equipamentos, a serem adquiridos do fornecedor original destes equipamentos durante o período de garantia técnica, quando essa condição de exclusividade for indispensável para a vigência da garantia;

> Hipótese prevista no art. 24, XVII, Lei 8.666/93.

No período de garantia técnica de determinados produtos, o fornecedor original costuma exigir que todas as trocas e/ou manutenções sejam feitas com ele, então, a licitação é dispensável, visto que a contratação deverá ser com o fornecedor original.

b) bens, serviços, alienações ou obras, nos termos de acordo internacional específico aprovado pelo Congresso Nacional, quando as condições ofertadas forem manifestamente vantajosas para a Administração;

> Hipótese prevista no art. 24, XIV, Lei 8.666/93.

São dois os requisitos que se observa na hipótese dessa alínea: que o acordo internacional específico tenha sido aprovado pelo Congresso Nacional, e que as condições ofertadas forem manifestamente vantajosas para a Administração.

c) produtos para pesquisa e desenvolvimento, limitada a contratação, no caso de obras e serviços de engenharia, ao valor de R$ 300.000,00 (trezentos mil reais);

> Hipótese prevista no art. 24, XXI, Lei 8.666/93, no entanto, o limite de valor com relação a obras e serviços de engenharia é diferente.

Quando a contratação for para pesquisa e desenvolvimento, pode ser necessário dispensar a licitação, por isso a hipótese de licitação dispensável. No caso de obras e serviços de engenharia, a contratação deve se limitar ao valor de R$300.000,00. Acima disso, deve-se adotar a regra de licitação.

Ainda, de acordo com o § 5º do art. 75, quando aplicada a obras e serviços de engenharia, seguirá procedimentos especiais instituídos em regulamentação específica.

CAPÍTULO 1 • LICITAÇÕES

d) transferência de tecnologia ou licenciamento de direito de uso ou de exploração de criação protegida, nas contratações realizadas por instituição científica, tecnológica e de inovação (ICT) pública ou por agência de fomento, desde que demonstrada vantagem para a Administração;

> Hipótese prevista no art. 24, XXV, Lei 8.666/93.

Quando instituição científica, tecnológica e de inovação pública ou agências de fomento forem contratar, é possível que tenham que contratar transferência de tecnologia ou licenciamento de direito de uso ou explorar criação protegida, assim, a licitação vai ser dispensável, desde que demonstrada vantagem para a Administração.

e) hortifrutigranjeiros, pães e outros gêneros perecíveis, no período necessário para a realização dos processos licitatórios correspondentes, hipótese em que a contratação será realizada diretamente com base no preço do dia;

> Hipótese prevista no art. 24, XII, Lei 8.666/93.

A contratação de hortifrutigranjeiros, pães e outros produtor perecíveis, em regra, devem ser precedidos de licitação. No entanto, enquanto estiver no período necessário para a realização do processo licitatório, a contratação poderá ser realizada diretamente, sem licitação, desde que com base no preço do dia.

f) bens ou serviços produzidos ou prestados no País que envolvam, cumulativamente, alta complexidade tecnológica e defesa nacional;

> Hipótese prevista no art. 24, XXVIII, Lei 8.666/93. No entanto, a lei exigia parecer de comissão especialmente designada pela autoridade máxima do órgão, o que não aparece na Lei 14.133/2021.

Percebe-se três requisitos para a hipótese: o bem ou serviço seja produzido ou prestado no país, envolver alta complexidade e também envolver defesa nacional.

g) materiais de uso das Forças Armadas, com exceção de materiais de uso pessoal e administrativo, quando houver necessidade de manter a padronização requerida pela estrutura de apoio logístico dos meios navais, aéreos e terrestres, mediante autorização por ato do comandante da força militar;

> Hipótese prevista no art. 24, XIX, Lei 8.666/93.

Os materiais de uso para apoio logístico das Forças Armadas, dos meios navais, aéreos e terrestres, podem requer uma padronização. Quando essa padronização for necessária, a licitação será dispensável, no entanto, a alínea ressalta a necessidade de autorização por ato do comandante da força militar.

Ainda, o dispositivo excepciona a aquisição de materiais de uso pessoal e administrativo, que continuam dependendo de licitação.

h) bens e serviços para atendimento dos contingentes militares das forças singulares brasileiras empregadas em operações de paz no exterior, hipótese em que a contratação deverá ser justificada quanto ao preço e à escolha do fornecedor ou executante e ratificada pelo comandante da força militar;

Hipótese prevista no art. 24, XXIX, Lei 8.666/93.

Quando os contingentes militares das forças singulares brasileiras estiverem em operação de paz no exterior, a contratação dos bens e serviços que ela precisar para atender suas necessidades podem ser realizadas de forma direta, sem necessidade de licitação.

No entanto, deve-se respeitar os requisitos previstos: contratação deverá ser justificada quanto ao preço e quanto à escolha do fornecedor ou executante. E ainda, deverá ser ratificada pelo comandante da força militar.

Ressalte-se que essa hipótese abrange a atuação dos contingentes militares em operação de paz no exterior, isso porque as hipóteses de guerra já estão previstas no art. 75, VII.

i) abastecimento ou suprimento de efetivos militares em estada eventual de curta duração em portos, aeroportos ou localidades diferentes de suas sedes, por motivo de movimentação operacional ou de adestramento;

Hipótese prevista no art. 24, XVIII, Lei 8.666/93. No entanto, a Lei 8.666/93 estabelecia valor máximo como limite para a contratação, o que não aparece na Lei 14.133/2021.

Quando efetivos militares estiverem em portos, aeroportos ou localidades diferentes de suas sedes, de forma eventual e de curta duração, é possível que precisem realizar alguma contratação, em será a licitação dispensável.

j) coleta, processamento e comercialização de resíduos sólidos urbanos recicláveis ou reutilizáveis, em áreas com sistema de coleta seletiva de lixo, realizados por associações ou cooperativas formadas exclusivamente de pessoas físicas de baixa renda reconhecidas pelo poder público como catadores de materiais recicláveis, com o uso de equipamentos compatíveis com as normas técnicas, ambientais e de saúde pública;

Hipótese prevista no art. 24, XXVII, Lei 8.666/93.

A coleta, processamento e comercialização de resíduos sólidos urbanos, em áreas com sistema de coleta seletiva de lixo, pelos conhecidos como catadores de materiais recicláveis pode ser contratada diretamente, sendo a licitação dispensável. A alínea ressalta a importância de que essa coleta seja realizada por associações ou cooperativas formadas exclusivamente por pessoas físicas de baixa renda, e que seja usado equipamento compatível com as normas técnicas, ambientais e de saúde pública.

k) aquisição ou restauração de obras de arte e objetos históricos, de autenticidade certificada, desde que inerente às finalidades do órgão ou com elas compatível;

Hipótese prevista no art. 24, XV, Lei 8.666/93.

A aquisição ou restauração de obras de arte e objetos históricos pode ser feita sem licitação, desde que tenham autenticidade certificada e que essa aquisição tenha ligação ou seja compatível com as finalidades do órgão.

CAPÍTULO 1 • LICITAÇÕES   **57**

l) serviços especializados ou aquisição ou locação de equipamentos destinados ao rastreamento e à obtenção de provas previstas nos incisos II e V do caput do art. 3º da Lei 12.850, de 2 de agosto de 2013, quando houver necessidade justificada de manutenção de sigilo sobre a investigação;

> Apesar de a dispensa de licitação já estar prevista no art. 3º, § 1º, Lei 12.850/2013, tal previsão não estava na Lei 8.666/93.

A Lei 12.850/2013 trata da organização criminosa e dispõe sobre a investigação criminal, os meios de obtenção da prova, infrações penais correlatas e o procedimento criminal. A investigação criminal pode depender de escutas, sejam ambientais (captação ambiental de sinais eletromagnéticos, ópticos ou acústicos) ou telefônicas (interceptação de comunicações telefônicas e telemáticas, nos termos da legislação específica). Para essas escutas, pode ser necessário contratar um serviço especializado ou adquirir ou locar equipamentos necessários.

Sempre que houver necessidade justificada de manutenção de sigilo sobre a investigação, a licitação pode ser dispensada e a contratação se feita diretamente.

m) aquisição de medicamentos destinados exclusivamente ao tratamento de doenças raras definidas pelo Ministério da Saúde;

> Essa hipótese não estava prevista na Lei 8.666/93.

A aquisição de medicamentos que sejam destinados exclusivamente ao tratamento de doenças raras pode ser feita diretamente. A definição de quais sejam essas doenças deve ser feita pelo Ministério da Saúde.

1.8.2.4 Incentivos à inovação, pesquisa científica e tecnológica

• V – para contratação com vistas ao cumprimento do disposto nos arts. 3º, 3º-A, 4º, 5º e 20 da Lei 10.973, de 2 de dezembro de 2004, observados os princípios gerais de contratação constantes da referida Lei;

> Hipótese prevista no art. 24, XXXI, Lei 8.666/93.

A Lei 10.973/2004 trata de incentivos à inovação e à pesquisa científica e tecnológica no ambiente produtivo. Diversos artigos trazem a possibilidade de contratação por órgãos e entidades da administração pública. Em tais hipóteses da lei, observados os princípios gerais de contratação, a licitação é dispensável.

1.8.2.5 Comprometimento da segurança nacional

• VI – para contratação que possa acarretar comprometimento da segurança nacional, nos casos estabelecidos pelo Ministro de Estado da Defesa, mediante demanda dos comandos das Forças Armadas ou dos demais ministérios;

> Hipótese prevista no art. 24, IX, Lei 8.666/93. No entanto, a Lei 8.666/93 previa a necessidade de um Decreto do Presidente da República, ouvido o Conselho de Defesa Nacional, já a Lei 14.133/2021 prevê a necessidade de estabelecimento pelos Ministro de Estado da Defesa.

As contratações que possam acarretar comprometimento da segurança nacional podem ser contratadas diretamente, sem licitação. No entanto, o inciso exige que os casos devem ser estabelecidos pelo Ministro de Estado da Defesa, mediante demanda dos comandos das Forças Armadas ou dos demais ministérios.

1.8.2.6 Guerra, estado de defesa, estado de sítio, intervenção federal ou grave perturbação da ordem

• VII – nos casos de guerra, estado de defesa, estado de sítio, intervenção federal ou de grave perturbação da ordem;

> Hipótese prevista no art. 24, III, Lei 8.666/93, mas só nos casos de guerra ou de grave perturbação da ordem.

São situações excepcionais, que ensejam a necessidade de contratações diretas, para garantir a atuação da Administração, podendo, portanto, ser dispensável a licitação.

1.8.2.7 Emergência ou calamidade pública

• VIII – nos casos de emergência ou de calamidade pública, quando caracterizada urgência de atendimento de situação que possa ocasionar prejuízo ou comprometer a continuidade dos serviços públicos ou a segurança de pessoas, obras, serviços, equipamentos e outros bens, públicos ou particulares, e somente para aquisição dos bens necessários ao atendimento da situação emergencial ou calamitosa e para as parcelas de obras e serviços que possam ser concluídas no prazo máximo de 1 (um) ano, contado da data de ocorrência da emergência ou da calamidade, vedadas a prorrogação dos respectivos contratos e a recontratação de empresa já contratada com base no disposto neste inciso;

> Hipótese prevista no art. 24, IV, Lei 8.666/93. No entanto, houve importante alteração com relação ao prazo dos contratos, que era de 180 dias, e agora, na Lei 14.133/2021, deve ser de 1 ano.

Situações de emergência ou calamidade pública podem ensejar, nos termos do inciso, a contratação direta, quando houver urgência de atendimento. No entanto, importante ressaltar os requisitos para que a contratação seja dispensável.

Primeiro, a licitação só será dispensável para as contratações que visem atender a situação emergencial ou calamitosa.

Além disso, os contratos firmados diretamente devem ter como prazo de conclusão, no máximo, 1 ano, prazo que começará a contar da situação que gerou a emergência ou calamidade. São, ainda, vedadas a prorrogação destes contratos e a recontratação de uma empresa que já tenha sido contratada com base na situação do inciso.

De acordo com o art. 75, § 6°, considera-se emergencial a contratação por dispensa com objetivo de manter a continuidade do serviço público. Ainda, o parágrafo destaca que deverão ser observados os valores praticados pelo mercado na forma do art. 23 desta Lei e adotadas as providências necessárias para a conclusão do processo licitatório.

Ponto importante do referido § 6º é que ele ressalta que a contratação direta, sem licitação, deverá ocorrer sem prejuízo de apuração de responsabilidade dos agentes públicos que deram causa à situação emergencial. Trata-se da "emergência fabricada", em que um agente público acaba causando uma situação de emergência, e, para garantir a continuidade do serviço, a Administração deve contratar diretamente. O agente público, que causou a situação de emergência, deve ser responsabilizado por isso.

1.8.2.8 Contratação de órgãos ou entidades da Administração Pública

- IX – para a aquisição, por pessoa jurídica de direito público interno, de bens produzidos ou serviços prestados por órgão ou entidade que integrem a Administração Pública e que tenham sido criados para este fim específico, desde que o preço contratado seja compatível com o praticado no mercado;

> Hipótese prevista no art. 24, VIII, Lei 8.666/93, no entanto, a Lei 8.666/93 previa que o órgão ou entidade deveria ter sido criado em data anterior à vigência da lei, exigência esta que não aparece na Lei 14.133/2021.

Se um determinado órgão ou entidade foi criado com a finalidade específica de produzir determinados bens ou prestar determinados serviços, eles podem ser contratados diretamente por pessoas jurídicas de direito público, desde que o preço seja compatível com o praticado no mercado.

1.8.2.9 Intervenção no domínio econômico

- X – quando a União tiver que intervir no domínio econômico para regular preços ou normalizar o abastecimento;

> Hipótese prevista no art. 24, VI, Lei 8.666/93.

Existem situações excepcionais em que é possível a intervenção da União no domínio econômico. Quando tal intervenção for necessária, para regular preços ou normalizar o abastecimento, a licitação será dispensável, afinal, a União estará atuando na esfera privada e, se tivesse que fazer licitação, acabaria que não conseguiria atuar de forma eficiente.

1.8.2.10 Consórcios públicos ou convênios de cooperação

- XI – para celebração de contrato de programa com ente federativo ou com entidade de sua Administração Pública indireta que envolva prestação de serviços públicos de forma associada nos termos autorizados em contrato de consórcio público ou em convênio de cooperação;

> Hipótese prevista no art. 24, XXVI, Lei 8.666/93.

A Lei 11.107/05, lei que trata dos consórcios públicos, estabelece, em seu art. 13, que podem vir a ser firmados, em virtude do consórcio, contratos de programa, que estabelecerão as obrigações de cada ente da federação. Já o Decreto 6.017/2007, que regulamenta a Lei 11.107/05, dispõe também sobre o convênio de cooperação entre os entes federados. Tais contratações poderão, nos termos do inciso XI, ocorrer diretamente, através de licitação dispensável.

1.8.2.11 Transferência de tecnologia para o SUS

- XII – para contratação em que houver transferência de tecnologia de produtos estratégicos para o Sistema Único de Saúde (SUS), conforme elencados em ato da direção nacional do SUS, inclusive por ocasião da aquisição desses produtos durante as etapas de absorção tecnológica, e em valores compatíveis com aqueles definidos no instrumento firmado para a transferência de tecnologia; <Hipótese prevista no art. 24, XXXIII, Lei 8.666/93.>

A contratação em que houver transferência de tecnologia de produtos estratégicos para o SUS pode ocorrer diretamente, desde que elencados em ato da direção nacional do SUS e que os valores sejam compatíveis com aqueles definidos no instrumento firmado para a transferência de tecnologia.

1.8.2.12 Banca responsável por fazer o julgamento de critérios de técnica em licitação

- XIII – para contratação de profissionais para compor a comissão de avaliação de critérios de técnica, quando se tratar de profissional técnico de notória especialização; <A lei 8.666/93 não trazia essa previsão.>

O art. 37 da Lei 14.133/2021 estabelece como deve ocorrer o julgamento por melhor técnica ou por técnica e preço, determinando, em seu inciso II, que ocorrerá a atribuição de notas a quesitos determinados por uma banca designada para este fim.

O § 1º do mesmo artigo determina que essa banca poderá ser composta de servidores da Administração ou profissionais contratados por conhecimento técnico, experiência ou renome na avaliação dos quesitos especificados no edital, desde que seu trabalho seja supervisionado por um agente público. Quando se tratar de profissional técnico de notória especialização, é possível a sua contratação direta, sendo a licitação dispensável.

Importante tomar cuidado para não confundir essa hipótese com a hipótese do art. 74, III da lei.

CAPÍTULO 1 • LICITAÇÕES

1.8.2.13 Associação de pessoas com deficiência

- XIV – para contratação de associação de pessoas com deficiência, sem fins lucrativos e de comprovada idoneidade, por órgão ou entidade da Administração Pública, para a prestação de serviços, desde que o preço contratado seja compatível com o praticado no mercado e os serviços contratados sejam prestados exclusivamente por pessoas com deficiência;

> Hipótese prevista no art. 24, XX, Lei 8.666/93. No entanto, importante novidade é que o serviço deve ser prestado exclusivamente por pessoas com deficiência, exigência esta que não estava prevista na Lei 8.666/93.

É uma forma de incentivar a contratação de associações de pessoas com deficiência para a prestação de serviços para órgão ou entidade de Administração. Vale ressaltar que o inciso prevê diversos requisitos para tal contratação direta: a associação deve ser sem fins lucrativos e de comprovada idoneidade; o preço deve ser compatível com o mercado; e os serviços contratados devem ser prestados exclusivamente por pessoas com deficiência.

Contratação de instituições para atividades de ensino, pesquisa, extensão, desenvolvimento institucional, científico e tecnológico, estímulo à inovação ou recuperação social da pessoa presa

- XV – para contratação de instituição brasileira que tenha por finalidade estatutária apoiar, captar e executar atividades de ensino, pesquisa, extensão, desenvolvimento institucional, científico e tecnológico e estímulo à inovação, inclusive para gerir administrativa e financeiramente essas atividades, ou para contratação de instituição dedicada à recuperação social da pessoa presa, desde que o contratado tenha inquestionável reputação ética e profissional e não tenha fins lucrativos;

> Hipótese prevista no art. 24, XIII, Lei 8.666/93, com a redação um pouco diferente, sendo que a Lei 14.133/2021 incluiu algumas outras atividades.

A contratação das instituições acima pode ser feita diretamente, desde que atendidos os requisitos: o contratado tenha inquestionável reputação ética e profissional, e não tenha fins lucrativos.

1.8.2.14 Insumos estratégicos para a saúde

- XVI – para aquisição, por pessoa jurídica de direito público interno, de insumos estratégicos para a saúde produzidos por fundação que, regimental ou estatutariamente, tenha por finalidade apoiar órgão da Administração Pública direta, sua autarquia ou fundação em projetos de ensino, pesquisa, extensão, desenvolvimento institucional, científico e tecnológico e de estímulo à inovação, inclusive na gestão administrativa e financeira necessária à execução desses projetos, ou em parcerias que envolvam transferência de tecnologia de produtos estratégicos para o SUS, nos termos do inciso XII do caput deste artigo, e que tenha sido criada para esse fim específico em data anterior à

> Hipótese prevista no art. 24, XXXIV, Lei 8.666/93.

entrada em vigor desta Lei, desde que o preço contratado seja compatível com o praticado no mercado.

São requisitos para a contratação direta que as entidades a serem contratadas tenham sido criadas antes da entrada em vigor da lei (1º de abril de 2021) e que o preço contratado seja compatível com o praticado no mercado.

1.8.3 Licitação dispensada

Além das hipóteses tratadas no Capítulo VIII da Lei 14.133/2021 (arts. 72 a 75), a lei também prevê situações em que a licitação será dispensada, quando da alienação de bens da Administração Pública, no art. 76. Por se tratar de assunto específico, trataremos no próximo capítulo, junto às demais regras relativas à alienação de bens.

1.9 ALIENAÇÕES

O art. 76 prevê as regras para alienações de bens da Administração Pública, estabelecendo os requisitos tanto no caso de bens imóveis quanto no caso de bens móveis.

Inicialmente, o caput do art. 76 dispõe que a alienação de bens deve estar subordinada à existência de interesse público devidamente justificado, ou seja, para que a Administração possa alienar um bem, é necessário que se comprove que existe interesse público na alienação, seja bem móvel ou imóvel.

Ainda, o caput estabelece que a alienação deve ser precedida de avaliação. Isso é necessário para que a Administração tenha conhecimento do valor do bem a ser alienado.

1.9.1 Alienação de bens imóveis

De acordo com o art. 76, I, tratando-se de bens imóveis, inclusive os pertencentes às autarquias e às fundações, exigirá autorização legislativa e dependerá de licitação na modalidade leilão.

São requisitos para a alienação de bens imóveis, portanto, além do interesse público devidamente justificado e avaliação prévia, previstos no caput, a autorização legislativa e a licitação.

A autorização por lei para a alienação de bens é um requisito apenas para a alienação de bens imóveis, não estando previsto para a alienação de bens móveis, como se verá a seguir. O art. 17, I, ressalta que a autorização legislativa é necessária para a alienação de bens imóveis da Administração Direta e também para os bens das autarquias e fundações (fundações públicas de direito público), visto que também possuem bens públicos.

> A alienação de bens imóveis, na Lei 8.666/93, estava prevista no art. 17, I. O dispositivo cita as entidades paraestatais, que, no caso, seriam as empresas públicas e sociedades de economia mista. Tal previsão não aparece na Lei 14.133/2021, tendo em vista que a lei não se aplica a essas entidades.

> Os bens imóveis adquiridos por procedimento judicial ou dação em pagamento recebem tratamento diferenciado no art. 19, Lei 8.666/93, principalmente com relação à modalidade de licitação. Tal diferenciação não é mais necessária, tendo em vista que uma importante alteração é que a modalidade será sempre leilão, mesmo para bens imóveis, então a diferença será com relação à não necessidade de autorização legislativa.

No entanto, a autorização legislativa será dispensada para os bens imóveis nos termos do § 1º do art. 76, quando o bem imóvel tiver sido adquirido por procedimento judicial ou dação em pagamento, sendo que se exigirá apenas a avaliação prévia e a licitação, na modalidade leilão.

Com relação à licitação, a regra para a alienação tanto dos bens imóveis quanto móveis, deve ser na modalidade leilão, conforme já visto no art. 6º, XL, da Lei 14.133/2021.

No entanto, o inciso I estabelece, em suas alíneas, diversas hipóteses em que a licitação será dispensada, que serão analisadas abaixo.

1.9.1.1 Licitação dispensada

- a) dação em pagamento;

> Hipótese prevista no art. 17, I, a, Lei 8.666/93.

Nos termos do art. 365 do Código Civil, o credor pode consentir em receber prestação diversa da que lhe é devida. Tal possibilidade se aplica, inclusive, para a Administração Pública, que quando for devedora poderá dar bem imóvel em pagamento, desde que ocorra o consentimento do credor. Em tal situação, a licitação é dispensada, visto que o destinatário do bem já está definido, pois será o credor.

- b) doação, permitida exclusivamente para outro órgão ou entidade da Administração Pública, de qualquer esfera de governo, ressalvado o disposto nas alíneas "f", "g" e "h" deste inciso;

> Hipótese prevista no art. 17, I, b, Lei 8.666/93.

No caso da doação de bem imóvel, em regra, ela será permitida exclusivamente para outro órgão ou entidade e Administração Pública, sendo dispensada a licitação, tendo em vista que o destinatário do bem já está definido, pois será o órgão ou entidade que receberá o bem em doação.

A alínea traz a ressalva das alíneas "f", "g" e "h", pois são situações em que a Administração poderá alienar até mesmo de forma gratuita, conforme será analisado em breve.

Ainda com relação à doação, o § 2º prevê que os imóveis doados com base na alínea "b" do inciso I do caput deste artigo, cessadas as razões que justificaram sua doação, serão revertidos ao patrimônio da pessoa jurídica doadora, vedada sua alienação pelo beneficiário.

- c) permuta por outros imóveis que atendam aos requisitos relacionados às finalidades precípuas da Administração, desde que a diferença apurada não ultrapasse a metade do valor do imóvel que será ofertado pela União, segundo avaliação prévia, e ocorra a torna de valores, sempre que for o caso;

> Hipótese prevista no art. 17, I, c, Lei 8.666/93. No entanto, a lei não trazia os requisitos da Lei 14.133/2021.

A permuta ocorre quando a Administração visa trocar um bem imóvel por outro bem imóvel, quando o bem possuir os requisitos necessários para atender as necessidades da Administração.

A alínea ressalta que sempre que for o caso, deverá ocorrer a torna de valores, ou seja, caso um bem tenha o valor maior que o outro, deve-se pagar o valor de diferença.

Ainda, estabelece que a diferença apurada não pode ultrapassar metade do valor do imóvel que será ofertado pela União, como forma de evitar trocas de imóveis com valores com diferenças muito grandes.

Importante ressaltar que a lei trata especificamente da União, o que não deveria ocorrer, tendo em vista que se trata de uma lei geral de licitações e contratos administrativos, a ser seguida por todos os demais entes federativos.

- d) investidura;

A investidura ocorre nas hipóteses previstas no art. 76, § 5º.

> Hipótese prevista no art. 17, I, d, Lei 8.666/93, assim como no § 3º.

A primeira hipótese de investidura de acordo com a lei é quando ocorrer a alienação, ao proprietário de imóvel lindeiro, de área remanescente ou resultante de obra pública que se tornar inaproveitável isoladamente, por preço que não seja inferior ao da avaliação nem superior a 50% (cinquenta por cento) do valor máximo permitido para dispensa de licitação de bens e serviços previsto nesta Lei.

Além disso, ocorre a investidura na alienação, ao legítimo possuidor direto ou, na falta dele, ao poder público, de imóvel para fins residenciais construído em núcleo urbano anexo a usina hidrelétrica, desde que considerado dispensável na fase de operação da usina e que não integre a categoria de bens reversíveis ao final da concessão.

- e) venda a outro órgão ou entidade da Administração Pública de qualquer esfera de governo;

> Hipótese prevista no art. 17, I, e, Lei 8.666/93.

A venda do imóvel tem licitação dispensada pelo fato de que o destinatário do bem já está definido, sendo o órgão ou entidade da Administração Pública.

- f) alienação gratuita ou onerosa, aforamento, concessão de direito real de uso, locação e permissão de uso de bens imóveis residenciais construídos, destinados ou efetivamente usados em programas de habitação ou de regularização fundiária de interesse social desenvolvidos por órgão ou entidade da Administração Pública;

> Hipótese prevista no art. 17, I, f, Lei 8.666/93.

Quando um órgão ou entidade realiza programas de habitação ou de regularização fundiária de interesse social, os imóveis residenciais construídos, destinados ou usados para esses programas podem passar para particulares através de várias formas de alienação (outras formas de uso que não caracterizem alienação): alienação gratuita ou onerosa, aforamento, concessão de direito real de uso, locação ou permissão de uso de bens.

Em tais hipóteses, como é a finalidade do programa de habitação ou de regularização fundiária de interesse social, a licitação é dispensada.

- g) alienação gratuita ou onerosa, aforamento, concessão de direito real de uso, locação e permissão de uso de bens imóveis comerciais de âmbito local, com área de até 250 m² (duzentos e cinquenta metros quadrados) e destinados a programas de regularização fundiária de interesse social desenvolvidos por órgão ou entidade da Administração Pública;

> Hipótese prevista no art. 17, I, h, Lei 8.666/93.

Quando um órgão ou entidade realiza programas de regularização fundiária de interesse social, os imóveis comerciais de até 250 m², destinados para esses programas podem passar para particulares através de várias formas de alienação (outras formas de uso que não caracterizem alienação): alienação gratuita ou onerosa, aforamento, concessão de direito real de uso, locação ou permissão de uso de bens.

Como é a finalidade do programa de regularização fundiária de interesse social, a licitação é dispensada.

- h) alienação e concessão de direito real de uso, gratuita ou onerosa, de terras públicas rurais da União e do Instituto Nacional de Colonização e Reforma Agrária (Incra) onde incidam ocupações até o limite de que trata o § 1º do art. 6º da Lei 11.952, de 25 de junho de 2009, para fins de regularização fundiária, atendidos os requisitos legais;

> Hipótese prevista no art. 17, I, i, Lei 8.666/93.

A Lei 11.952/2009 dispõe sobre a regularização fundiária das ocupações incidentes em terras situadas em áreas da União, no âmbito da Amazônia Legal.

Quando for necessária a alienação ou concessão de direito real de uso, gratuita ou onerosa, de terras públicas da União ou do Incra onde incidam ocupações de área não superior a 2.500 ha (art. 6º, § 1º), a licitação será dispensada.

- i) legitimação de posse de que trata o art. 29 da Lei 6.383, de 7 de dezembro de 1976, mediante iniciativa e deliberação dos órgãos da Administração Pública competentes;

> Hipótese prevista no art. 17, I, g, Lei 8.666/93.

A Lei 6.383/1976 trata do Processo Discriminatório de Terras Devolutas da União. O art. 29 prevê que o ocupante de terras públicas, que as tenha tornado produtivas com o seu trabalho e o de sua família, fará jus à legitimação da posse de área contínua até 100 (cem) hectares, desde que preencha os seguintes requisitos:

- não seja proprietário de imóvel rural;

- comprove a morada permanente e cultura efetiva, pelo prazo mínimo de 1 (um) ano.

NOVA LEI DE LICITAÇÃO • FLÁVIA CAMPOS

Em tal situação, a licitação será dispensada.

• j) legitimação fundiária e legitimação de posse de que trata a Lei 13.465, de 11 de julho de 2017;

> Hipótese não está expressamente prevista no art. 17.

A Lei 13.465/2017 dispõe sobre a regularização fundiária rural e urbana, sobre a liquidação de créditos concedidos aos assentados da reforma agrária e sobre a regularização fundiária no âmbito da Amazônia Legal, sendo a licitação dispensada.

Por fim, o art. 76, § § 3º e 4º estabelecem a possibilidade de a Administração conceder título de propriedade ou de direito real de uso de imóvel, admitida a dispensa de licitação, quando o uso destinar-se a outro órgão ou entidade da Administração ou pessoa natural, desde que atendidos os requisitos previstos nos parágrafos.

> Hipóteses previstas no art. 17, § § 2º, 2º-A e 2º-B, Lei 8.666/93.

1.9.2 Alienação de bens móveis

O art. 17, II da Lei 14.133/2021 estabelece os requisitos para alienação de bens móveis, prevendo que além do interesse público justificado e a avaliação prévia (previstos no caput), é necessária também a licitação na modalidade leilão.

No entanto, o próprio inciso II, em suas alíneas, traz hipóteses em que a licitação será dispensada.

1.9.2.1 Licitação dispensada

• a) doação, permitida exclusivamente para fins e uso de interesse social, após avaliação de oportunidade e conveniência socioeconômica em relação à escolha de outra forma de alienação;

> Hipótese prevista no art. 17, II, a, Lei 8.666/93.

É possível que a Administração venha a doar bens móveis, exclusivamente para fins e uso de interesse social, após a avaliação de oportunidade e conveniência em relação a outra forma de alienação.

Se essa forma de alienação se mostrar a mais conveniente e oportuna, a licitação será dispensada, tendo em vista que o destinatário da doação vai estar definido.

• b) permuta, permitida exclusivamente entre órgãos ou entidades da Administração Pública;

> Hipótese prevista no art. 17, II, b, Lei 8.666/93.

Caso órgãos ou entidades da Administração Pública queiram trocar bens móveis entre si, a licitação será dispensada, tendo em vista que o destinatário do bem já vai estar definido.

• c) venda de ações, que poderão ser negociadas em bolsa, observada a legislação específica;

> Hipótese prevista no art. 17, II, c, Lei 8.666/93.

CAPÍTULO 1 • LICITAÇÕES

Quando for necessário que a Administração faça a venda de ações, a licitação será dispensada, observada a legislação específica.

• d) venda de títulos, observada a legislação pertinente;

> Hipótese prevista no art. 17, II, d, Lei 8.666/93.

Quando for necessário que a Administração faça a venda de títulos, a licitação será dispensada, observada a legislação pertinente.

• e) venda de bens produzidos ou comercializados por entidades da Administração Pública, em virtude de suas finalidades;

> Hipótese prevista no art. 17, II, e, Lei 8.666/93.

Caso uma entidade da Administração tenha sido criada com a finalidade de produzir ou comercializar bens, a venda dos bens será com licitação dispensada.

• f) venda de materiais e equipamentos sem utilização previsível por quem deles dispõe para outros órgãos ou entidades da Administração Pública.

> Hipótese prevista no art. 17, II, f, Lei 8.666/93.

Materiais e equipamentos que não estejam sendo utilizados, podem ser vendidos para outros órgãos ou entidades da Administração Pública, com licitação dispensada.

1.9.3 Outras observações

O art. 76, § § 6º e 7º tratam da doação com encargo, estabelecendo que a doação com encargo será licitada e de seu instrumento constarão, obrigatoriamente, os encargos, o prazo de seu cumprimento e a cláusula de reversão, sob pena de nulidade do ato, dispensada a licitação em caso de interesse público devidamente justificado.

> Hipóteses previstas no art. 17, § § 4º e 5º, Lei 8.666/93.

No caso da doação com encargo, caso o donatário necessite oferecer o imóvel em garantia de financiamento, a cláusula de reversão e as demais obrigações serão garantidas por hipoteca em segundo grau em favor do doador.

Por fim, o art. 77 estabelece que para a venda de bens imóveis, será concedido direito de preferência ao licitante que, submetendo-se a todas as regras do edital, comprove a ocupação do imóvel objeto da licitação.

> A Lei 8.666/93 não traz essa previsão.

1.10 PROCEDIMENTOS AUXILIARES

A Lei 14.133/2021 inova ao prever procedimentos auxiliares às licitações e contratações, que serão utilizados em situações específicas, analisadas a seguir. É importante ressaltar que tais procedimentos auxiliares não se confundem com modalidades de licitação.

São procedimentos auxiliares, de acordo com o art. 78:

- I – credenciamento;
- II – pré-qualificação;
- III – procedimento de manifestação de interesse;
- IV – sistema de registro de preços;
- V – registro cadastral.

Os procedimentos auxiliares obedecerão a critérios claros e objetivos definidos em regulamento.

1.10.1 Credenciamento

Nos termos do art. 6º, XLIII, o credenciamento é o processo administrativo de chamamento público em que a Administração Pública convoca interessados em prestar serviços ou fornecer bens para que, preenchidos os requisitos necessários, se credenciem no órgão ou na entidade para executar o objeto quando convocados.

Será um procedimento a ser adotado pela Administração quando ela não visa a contratação de uma pessoa específica, sendo possível a contratação de várias pessoas de forma simultânea.

De acordo com o art. 79, o credenciamento poderá ser usado nas seguintes hipóteses de contratação:

- I – paralela e não excludente: caso em que é viável e vantajosa para a Administração a realização de contratações simultâneas em condições padronizadas;

A contratação ocorrerá de forma simultânea, sendo possível a contratação de vários interessados ao mesmo tempo, desde que sejam aplicadas a todos as mesmas condições padronizadas.

- II – com seleção a critério de terceiros: caso em que a seleção do contratado está a cargo do beneficiário direto da prestação;

A Administração seleciona, diretamente, o contratado. Essa seleção fica a critério do beneficiário direto da prestação do serviço. Portanto, cabe apenas à Administração possibilitar que todos os interessados que preencherem os requisitos se credenciem.

- III – em mercados fluidos: caso em que a flutuação constante do valor da prestação e das condições de contratação inviabiliza a seleção de agente por meio de processo de licitação.

Quando o valor da prestação do serviço e as condições de contratação flutuarem muito, e não for possível realizar licitação, é possível o credenciamento.

1.10.1.1 Regras a serem seguidas para o credenciamento

O art. 79, parágrafo único, estabelece que os procedimentos para o credenciamento serão definidos em regulamento, no entanto, estabelece algumas regras que devem ser seguidas.

De acordo com o inciso I, a Administração deverá divulgar e manter à disposição do público, em sítio eletrônico oficial, edital de chamamento de interessados, de modo a permitir o cadastramento permanente de novos interessados.

Quando o chamamento for utilizado para a contratação paralela e não excludente (art. 79, caput, I), mas não for possível a contratação imediata e simultânea de todos os credenciados, deverão ser adotados critérios objetivos de distribuição da demanda, conforme o inciso II do parágrafo único. Essa previsão de critérios objetivos é necessária para se garantir o respeito ao princípio da impessoalidade, garantindo que todos sejam tratados da mesma maneira.

Em todas as hipóteses, de acordo com o parágrafo único, III, o edital de chamamento de interessados deverá prever as condições padronizadas de contratação. Nas hipóteses em que é possível estabelecer o valor de contratação (art. 79, I e II), o edital de chamamento também deverá definir o valor da contratação.

Como na hipótese de mercados fluidos não vai ser possível estabelecer os valores de contratação, pela flutuação constante do valor, a Administração deverá registrar as cotações de mercado vigentes no momento da contratação, nos termos do art. 79, parágrafo único, IV.

Feito o credenciamento, o art. 79, parágrafo único, V estabelece que não será permitido o cometimento a terceiros do objeto contratado sem autorização expressa da Administração.

Por fim, o art. 79, parágrafo único, VI admite a denúncia por qualquer das partes nos prazos fixados no edital.

1.10.1.2 Inexigibilidade de licitação

Vale lembrar que o credenciamento é uma das hipóteses de inexigibilidade de licitação, nos termos do art. 74, IV, que prevê que é inexigível a licitação quando inviável a competição, em especial nos casos de objetos que possam ser contratados por meio de credenciamento.

1.10.2 Pré-qualificação

A pré-qualificação, outro procedimento auxiliar previsto na Lei 14.133/2021, de acordo com o art. 6º, XLIV, é o procedimento seletivo prévio à licitação, convocado por meio de edital,

> O art. 114 da Lei 8.666/93 possibilita a pré-qualificação, mas não a regulamenta. O procedimento já estava previsto na Lei 12.462/2011 (art. 30) e na Lei 13.303/16 (art. 64).

destinado à análise das condições de habilitação, total ou parcial, dos interessados ou do objeto.

Está prevista no art. 80, sendo o procedimento técnico-administrativo que a Administração poderá selecionar previamente licitantes e/ou bens, nas seguintes situações:

- I – licitantes que reúnam condições de habilitação para participar de futura licitação ou de licitação vinculada a programas de obras ou de serviços objetivamente definidos;

Quando for possível que a Administração faça uma análise prévia da habilitação de licitantes, que possam vir a participar de futura licitação ou de licitação vinculada a programas de obras ou serviços previamente definidos, a Administração pode fazer o procedimento de pré-qualificação.

Nos termos do art. 80, § 1º, I, quando a pré-qualificação for aberta a licitantes, poderão ser dispensados os documentos que já constarem do registro cadastral.

- II – bens que atendam às exigências técnicas ou de qualidade estabelecidas pela Administração.

É possível que a Administração analise, previamente, os bens que possam atender suas necessidades técnicas ou de qualidade, realizando uma pré-seleção de quais seriam os bens aptos a satisfazer.

De acordo com o art. 80, § 1º, II, quando a pré-qualificação for aberta a bens, poderá ser exigida a comprovação de qualidade.

1.10.2.1 Regras a serem seguidas na pré-qualificação

De acordo com o § 2º, o procedimento de pré-qualificação ficará permanentemente aberto para a inscrição de interessados. Assim, qualquer pessoa que se interesse por ser qualificar previamente, ou que forneça um bem que possa vir a ser pré-qualificado, poderá apresentar os documentos necessários. O § 4º prevê que o interessado deverá apresentar os documentos perante órgão ou comissão indicada pela Administração, que deverá examiná-los no prazo máximo de 10 dias úteis e determinar correção ou reapresentação de documentos, quando for o caso, com vistas à ampliação da competição.

De acordo com o § 7º, a pré-qualificação poderá ser parcial ou total, com alguns ou todos os requisitos técnicos ou de habilitação necessários à contratação, assegurada, em qualquer hipótese, a igualdade de condições entre os concorrentes.

A pré-qualificação poderá, ainda, ser realizada em grupos ou segmentos, segundo as especialidades dos fornecedores (§ 6º).

Depois de pré-qualificados, qualquer pessoa poderá ter acesso à relação, pois, de acordo com o § 9º, os licitantes e os bens pré-qualificados serão obrigatoriamente divulgados e mantidos à disposição do público.

CAPÍTULO 1 • LICITAÇÕES **71**

A pré-qualificação é um procedimento importante, pois o § 10 prevê que a licitação que se seguir ao procedimento da pré-qualificação poderá ser restrita a licitantes ou bens pré-qualificados. Ainda, os bens ou serviços pré-qualificados, de acordo com o § 5º, deverão integrar o catálogo de bens e serviços da Administração.

Quanto ao procedimento de pré-qualificação, o art. 80, § 3º prevê que deverão contar do edital:

- As informações mínimas necessárias para a definição do objeto
- A modalidade, a forma da futura licitação e os critérios de julgamento

Por fim, o art. 80, § 8º estabelece que a pré-qualificação terá validade de:

- 1 ano, no máximo, e poderá ser atualizada a qualquer tempo
- Não superior ao prazo de validade dos documentos apresentados pelos interessados

1.10.3 Procedimento de Manifestação de Interesse (PMI)

O procedimento de manifestação de interesse (PMI) ocorrerá, nos termos do art. 81, nas hipóteses em que a Administração publicará edital de chamamento público, solicitando à iniciativa privada a propositura e a realização de estudos, investigações, levantamentos e projetos de soluções inovadoras que contribuam com questões de relevância pública, na forma de regulamento.

> A Lei 8.666/93 não prevê o Procedimento de Manifestação de Interesse. O procedimento já estava previsto na Lei 13.303/16 (art. 31, § 4º).

Tal procedimento não se confunde com a licitação, que ocorrerá depois dos estudos realizados pela iniciativa privada.

1.10.3.1 Regras a serem seguidas no Procedimento de Manifestação de Interesse

De acordo com o § 2º, a realização, pela iniciativa privada, de estudos, investigações, levantamentos e projetos em decorrência do procedimento de manifestação de interesse:

- I – não atribuirá ao realizador direito de preferência no processo licitatório;

    Ou seja, mesmo que a pessoa tenha participado do procedimento de manifestação de interesse, ela terá que participar da licitação depois normalmente, não tenho nenhuma preferência em comparação aos demais licitantes.

- II – não obrigará o poder público a realizar licitação;

    Pode ser que, depois de realizado o procedimento de manifestação de interesse, a Administração decida não realizar licitação com relação ao seu objeto, pois a realização do PMI não obriga a Administração a realizar licitação.

- III – não implicará, por si só, direito a ressarcimento de valores envolvidos em sua elaboração;

Não é sempre que as pessoas que participarem do PMI serão remuneradas, pois a sua participação não implicará, por si só, o direito a ressarcimento de valores.

- IV – será remunerada somente pelo vencedor da licitação, vedada, em qualquer hipótese, a cobrança de valores do poder público.

Caso os estudos, investigações, levantamentos e projetos de uma determinada pessoa seja utilizada em uma licitação depois do procedimento de manifestação de interesse, o vencedor da licitação deverá ressarcir os dispêndios correspondentes, previsão que também aparece no § 1º do art. 81.

O art. 81, § 4º traz importante previsão, determinando que o procedimento de manifestação de interesse poderá ser restrito a startups, assim considerados os microempreendedores individuais, as microempresas e as empresas de pequeno porte, de natureza emergente e com grande potencial, que se dediquem à pesquisa, ao desenvolvimento e à implementação de novos produtos ou serviços baseados em soluções tecnológicas inovadoras que possam causar alto impacto, exigida, na seleção definitiva da inovação, validação prévia fundamentada em métricas objetivas, de modo a demonstrar o atendimento das necessidades da Administração.

Por fim, o § 3º estabelece que para aceitação dos produtos e serviços decorrentes do PMI, a Administração deverá elaborar parecer fundamentado com a demonstração de que o produto ou serviço entregue é adequado e suficiente à compreensão do objeto, de que as premissas adotadas são compatíveis com as reais necessidades do órgão e de que a metodologia proposta é a que propicia maior economia e vantagem entre as demais possíveis.

1.10.4 Sistema de Registro de Preços

O Sistema de Registro de Preços, nos termos do inciso XLV do art. 6º, é o conjunto de procedimentos para realização, mediante contratação direta ou licitação nas modalidades pregão ou concorrência, de registro formal de preços relativos a prestação de serviços, a obras e a aquisição e locação de bens para contratações futuras.

> A Lei 8.666/93 prevê o Sistema de Registro de Preços no art. 15, II e § § 1º a 4º. Além disso, ele é regulamentado pelo Decreto 7.892/13. O procedimento também estava previsto na Lei 12.462/11 (art. 32) e Lei 13.303/16 (art. 66).

No Registro de Preços, a Administração realizará uma licitação em que todos os licitantes apresentam o preço para o que a Administração pretende contratar e, com base no critério de julgamento previsto no edital, serão classificadas todas as propostas.

Ao fim do procedimento, será feita uma ata de registro de preços, documento vinculativo e obrigacional, com característica de compromisso para futura contratação, no qual são registrados o objeto, os preços, os fornecedores, os órgãos participantes e as condições a serem praticadas, conforme as disposições contidas no edital da licitação, no aviso ou instrumento de contratação direta e nas propostas apresentadas (art. 6°, XLVI).

Feito o registro de preços, quando a Administração precisar contratar aquele objeto, ela deverá contratar com o primeiro colocado, pelo valor registrado.

Nos termos do art. 83, a existência de preços registrados implicará compromisso de fornecimento nas condições estabelecidas, ou seja, o licitante vencedor se obriga contratar pelo preço registrado.

No entanto, o registro de preços não obrigará a Administração a contratar, facultada a realização de licitação específica para a aquisição pretendida, desde que devidamente motivada.

São três as figuras, integrantes da Administração, que poderão participar de um Registro de Preços: órgão ou entidade gerenciadora; órgão ou entidade participante; e órgão ou entidade não participante.

- O órgão ou entidade gerenciador é aquele responsável pela condução do conjunto de procedimentos para registro de preços e pelo gerenciamento da ata de registro de preços dele decorrente (art. 6°, XLVII).

- O órgão ou entidade participante é aquele que participa dos procedimentos iniciais da contratação para registro de preços e integra a ata de registro de preços (art. 6°, XLVIII). Ou seja, não está gerenciado o registro de preços, mas está participando desde o início, sendo que suas contratações poderão usar os preços registrados ao final.

- O órgão ou entidade não participante é aquele que não participa dos procedimentos iniciais da licitação para registro de preços e não integra a ata de registro de preços (art. 6°, XLIX). É o famoso "carona", pois mesmo sem participar do registro de preços pode, nos termos do art. 86, § 2°, aderir ao registro de preços, realizando suas contratações, desde que preenchidos os requisitos que serão analisados no momento oportuno.

1.10.4.1 Possibilidade de utilização do Registro de Preços

Nos termos do art. 82, § 5°, o sistema de registro de preços poderá ser usado para a contratação de bens e serviços, inclusive de obras e serviços de engenharia, observadas as seguintes condições:

- I – realização prévia de ampla pesquisa de mercado;
- II – seleção de acordo com os procedimentos previstos em regulamento;
- III – desenvolvimento obrigatório de rotina de controle;
- IV – atualização periódica dos preços registrados;

- V – definição do período de validade do registro de preços;
- VI – inclusão, em ata de registro de preços, do licitante que aceitar cotar os bens ou serviços em preços iguais aos do licitante vencedor na sequência de classificação da licitação e inclusão do licitante que mantiver sua proposta original.

Quando se tratar de contratação para a execução de obras e serviços de engenharia, o sistema de registro de preços poderá ser utilizado, nos termos do art. 85, desde que exista um projeto padronizado, sem complexidade técnica e operacional; e desde que a necessidade da obra ou serviço a ser contratado seja permanente ou frequente.

Ainda, o sistema de registro de preços poderá ser utilizado, na forma de regulamento, nas hipóteses de inexigibilidade e de dispensa de licitação para a aquisição de bens ou para a contratação de serviços por mais de um órgão ou entidade, conforme previsto no art. 82, § 6º.

1.10.4.2 Regras do edital do Registro de Preços

O art. 82 determina que, para a realização do registro de preços, deverá ser publicado edital, que observará as regras gerais da Lei 14.133/2021, devendo ainda dispor sobre:

- I – as especificidades da licitação e de seu objeto, inclusive a quantidade máxima de cada item que poderá ser adquirida;

Em regra, o edital do Registro de Preços deve prever a quantidade máximo de cada item a ser adquirida. Com relação a essa quantidade, o § 3º do art. 82 prevê que, excepcionalmente, será permitido registro de preços com indicação limitada a unidades de contratação, sem indicação do total a ser adquirido, apenas em três situações: quando for a primeira licitação para o objeto e o órgão ou entidade não tiver registro de demandas anteriores; no caso de alimento perecível; ou no caso em que o serviço estiver integrado ao fornecimento de bens. Em tais, o § 4º estabelece que é obrigatória a indicação do valor máximo da despesa e é vedada a participação de outro órgão ou entidade na ata.

- II – a quantidade mínima a ser cotada de unidades de bens ou, no caso de serviços, de unidades de medida;

A quantidade mínima também deve estar prevista, seja com relação a unidades de bens ou unidades de medida no caso de serviços.

- III – a possibilidade de prever preços diferentes:

a) quando o objeto for realizado ou entregue em locais diferentes;

b) em razão da forma e do local de acondicionamento;

c) quando admitida cotação variável em razão do tamanho do lote;

d) por outros motivos justificados no processo;

- IV – a possibilidade de o licitante oferecer ou não proposta em quantitativo inferior ao máximo previsto no edital, obrigando-se nos limites dela;

Em tal situação, o licitante não teria condições de fornecer todo o bem, por exemplo, assim, poderia apresentar sua proposta com quantitativo inferior ao máximo previsto no edital, obrigando-se nos limites da proposta.

- V – o critério de julgamento da licitação, que será o de menor preço ou o de maior desconto sobre tabela de preços praticada no mercado;

São dois os critérios de julgamento que podem vir a ser utilizados na licitação do registro de preços: menor preço, em que levar-se-á em consideração a proposta com o menor preço; ou maior desconto, quando levar-se-á em consideração a proposta que apresentar maior valor de desconto com relação aos preços de mercado.

- VI – as condições para alteração de preços registrados;

Os preços registrados só poderão ser alterados nas condições previstas no edital, por isso tais condições devem estar previstas no instrumento convocatório.

- VII – o registro de mais de um fornecedor ou prestador de serviço, desde que aceitem cotar o objeto em preço igual ao do licitante vencedor, assegurada a preferência de contratação de acordo com a ordem de classificação;

É possível que, ao se realizar o julgamento das propostas, mais de uma proposta seja registrada, desde que os demais licitantes aceitem cotar o objeto em preço igual ao do licitante vencedor. Ao se contratar, deve-se, claro, seguir a ordem de classificação, convocando primeiro o licitante vencedor, e depois os demais licitantes registrados, na ordem de classificação.

- VIII – a vedação à participação do órgão ou entidade em mais de uma ata de registro de preços com o mesmo objeto no prazo de validade daquela de que já tiver participado, salvo na ocorrência de ata que tenha registrado quantitativo inferior ao máximo previsto no edital;

O edital deve vedar que um órgão ou entidade participe de mais de um registro de preço que tenha o mesmo objeto durante o prazo de validade de outra que já tenha participado. No entanto, quando o registro anterior do qual o órgão ou entidade participou tenha sido para uma quantidade inferior ao máximo previsto no novo edital, é possível a participação.

- IX – as hipóteses de cancelamento da ata de registro de preços e suas consequências.

O registro de preços pode ser cancelado, e tais hipóteses deverão estar previstas no edital, assim como suas consequências.

1.10.4.3 Procedimento a ser seguindo no Registro de Preços

O art. 86 estabelece que o órgão ou entidade gerenciadora deverá, na fase preparatória do processo licitatório, para fins de registro de preços, realizar procedimento público de intenção de registro de preços para, nos termos de regulamento, possibilitar, pelo prazo mínimo de 8 (oito) dias úteis, a participação de outros órgãos ou entidades na respectiva ata e determinar a estimativa total de quantidades da contratação. As entidades ou órgãos que optarem por participar do registro de preços serão consideradas como "participantes", conforme art. 6º, XLVIII.

Quando o órgão ou entidade gerenciadora for o único contratante, o procedimento de intenção de registro de preço pode ser dispensado, conforme o § 1º do art. 86.

Caso uma entidade ou órgão não se manifeste no prazo previsto no caput do art. 86, ela não participará desde o início do registro de preço. No entanto, mesmo assim, ela poderá aderir à ata de registro de preços na condição de não participante (ou "carona").

Essa adesão pode ocorrer quando um órgão ou entidade federal, estadual, distrital ou municipal quiser aderir à ata de registro de preços de órgão ou entidade gerenciadora federal, estadual ou distrital. Por outro lado, de acordo com o § 8º do art. 86, será vedada aos órgãos ou entidades da Administração Pública federal aderirem à ata de registro de preços estadual, distrital ou municipal.

Nos termos do art. 86, § 2º, a adesão à ata de registro de preços poderá ocorrer desde que observados os seguintes requisitos:

- I – apresentação de justificativa da vantagem da adesão, inclusive em situações de provável desabastecimento ou descontinuidade de serviço público;

  Deve ser justificado que a sua participação traz vantagem para a Administração, caso contrário, não será possível a adesão.

- II – demonstração de que os valores registrados estão compatíveis com os valores praticados pelo mercado na forma do art. 23 desta Lei;

  É necessário demonstrar que os valores estão de acordo como mercado, com base na utilização dos parâmetros para identificação do valor estimado de acordo com o art. 23 da Lei 14.133/2021.

- III – prévias consulta e aceitação do órgão ou entidade gerenciadora e do fornecedor.

  A adesão ao registro de preços não é uma escolha livre do órgão ou entidade não participante, pois é necessário que o órgão ou entidade gerenciadora aceite o pedido de adesão, assim, como é necessário que o fornecedor aceite essa adesão.

Quando um órgão ou entidade faz a adesão a uma ata de registro de preços, essas aquisições ou contratações adicionais não poderão exceder, por órgão ou en-

CAPÍTULO 1 • LICITAÇÕES | **77**

tidade, a 50% dos quantitativos dos itens do instrumento convocatório registrados na ata de registro de preços para o órgão gerenciados e demais órgãos participantes, conforme o art. 86, § 4º.

Além disso, o § 5º prevê que o quantitativo decorrente das adesões à ata de registro de preços não poderá exceder, na totalidade, ao dobro do quantitativo de cada item registrado na ata de registro de preços para o órgão gerenciador e órgãos participantes, independentemente do número de órgãos não participantes que aderirem.

O art. 86, § 6º estabelece que é possível que a transferência voluntária de recursos público pode estabelecer, como um requisito ao recebimento das transferências, que órgão ou entidade estadual, distrital ou municipal tenha que aderir à ata de registro de preços da Administração Federal, nesse caso, a adesão não se sujeita ao limite do § 5º.

Por fim, o art. 86, § 7º estabelece que para aquisição emergencial de medicamentos e material de consumo médico-hospitalar por órgãos e entidades da Administração Pública federal, estadual, distrital e municipal, a adesão à ata de registro de preços gerenciada pelo Ministério da Saúde não estará sujeita ao limite de que trata o § 5º.

1.10.4.4 Prazo de vigência

Nos termos do art. 84, o prazo de vigência da ata de registro de preços será de 1 ano e poderá ser prorrogada, por igual período, desde que comprovado que o preço é vantajoso. Depois de tal período, é necessário fazer outro registro de preços, seguindo novamente todo o procedimento.

De acordo com o parágrafo único, o contrato decorrente da ata de registro de preços terá sua vigência estabelecida em conformidade com as disposições da ata.

1.10.5 Registro cadastral

De acordo com o art. 87, os órgãos e entidades da Administração Pública deverão utilizar o sistema de registro cadastral unificado disponível no Portal Nacional de Contratações Públicas (PNCP), para efeito de cadastro unificado de licitantes, na forma disposta em regulamento.

> O Registro cadastral estava previsto na Lei 8.666/93 no art. 34. Além disso, já estava previsto na Lei 12.462/2011 (art. 31) e Lei 13.303/16 (art. 65).

O registro cadastral, nos termos do § 1º, será público e deverá ser amplamente divulgado e estar permanentemente aberto aos interessados, e será obrigatória a realização de chamamento público pela internet, no mínimo anualmente, para atualização dos registros existentes e para ingresso de novos interessados.

Tendo sido realizado o registro cadastral, o § 2º determina que é proibida a exigência, pelo órgão ou entidade licitante, de registro cadastral complementar para acesso a edital e anexos.

A realização do registro cadastral pelas entidades interessadas em firmar contratos com a Administração é importante, pois o § 3° estabelece que a Administração poderá realizar licitação restrita a fornecedores cadastrados, atendidos os critérios, as condições e os limites estabelecidos em regulamento, bem como a ampla publicidade dos procedimentos para o cadastramento. Como forma de não impossibilitar a participação de outros interessados, no entanto, o § 4° prevê que será admitido, na licitação, fornecedor que realize seu cadastro dentro do prazo previsto no edital para apresentação de propostas.

O art. 88 estabelece que o interessado poderá requerer a sua inscrição no cadastro ou a atualização do seu cadastro a qualquer tempo, fornecendo os elementos necessários exigidos para habilitação previstos nesta Lei. Depois de realizado o seu registro cadastral, ao inscrito será fornecido certificado, renovável sempre que atualizar o seu registro, nos termos do § 2° do art. 88.

O interessado que requerer sua inscrição poderá participar de processo licitatório até a decisão da Administração sobre sua inscrição, e a celebração do contrato ficará condicionada à emissão do certificado de inscrição (art. 88, § 6°).

Caso o inscrito deixe de satisfazer exigências determinadas pela Lei 14.133/2021 ou por regulamento, seu registro poderá ser, a qualquer tempo, alterado, suspenso ou cancelado.

Outro elemento importante do registro cadastral será a possibilidade de anotação do cumprimento das obrigações do contratado em obrigações anteriores assumidas, como forma de incentivar os licitantes a possuírem ótimo desempenho anotado em seu registro cadastral, o que inclusive será utilizado na avaliação de critérios técnicos, conforme art. 36, § 3° ou até mesmo como critério de desempate, nos termos do art. 60, II.

De acordo com o art. 88, § 3° a atuação do contratado no cumprimento de obrigações assumidas será avaliada pelo contratante, que emitirá documento comprobatório da avaliação realizada, com menção ao seu desempenho na execução contratual, baseado em indicadores objetivamente definidos e aferidos, e a eventuais penalidades aplicadas, o que constará do registro cadastral em que a inscrição for realizada.

Vale ressaltar, no entanto, que essa anotação do cumprimento de obrigações pelo contratado será condicionada à implantação e à regulamentação do cadastro de atesto de cumprimento de obrigações, apto à realização do registro de forma objetiva, em atendimento aos princípios da impessoalidade, da igualdade, da isonomia, da publicidade e da transparência, de modo a possibilitar a implementação de medidas de incentivo aos licitantes que possuírem ótimo desempenho anotado em seu registro cadastral, nos termos do § 4°.

1.11 LICITAÇÕES INTERNACIONAIS

Antes de passar-se ao estudo das regras relativas ao contrato administrativo, interessante analisar o tratamento dado pela Leu 14.133/2021 às licitações internacionais.

De acordo com o art. 6º, XXXV, licitação internacional é licitação processada em território nacional na qual é admitida a participação de licitantes estrangeiros, com a possibilidade de cotação de preços em moeda estrangeira, ou licitação na qual o objeto contratual pode ou deve ser executado no todo ou em parte em território estrangeiro.

O art. 52 estabelece regras com relação a essa licitação, prevendo que o edital deverá ajustar-se às diretrizes da política monetária e do comércio exterior e atender às exigências dos órgãos competentes.

Podem participar dessa licitação tanto licitantes brasileiros quanto estrangeiros, sendo que, de acordo com o § 5º, as propostas de todos os licitantes estarão sujeitas às mesmas regras e condições, na forma estabelecida no edital, inclusive com relação às garantias de pagamento, que serão, para o licitante brasileiro, equivalentes àquelas oferecidas ao licitante estrangeiro (§ 3º).

De acordo com o § 6º, observados os termos desta Lei, o edital não poderá prever condições de habilitação, classificação e julgamento que constituam barreiras de acesso ao licitante estrangeiro, admitida a previsão de margem de preferência para bens produzidos no País e serviços nacionais que atendam às normas técnicas brasileiras, conforme já visto no art. 26.

Quando for permitido ao licitante estrangeiro cotar preço em moeda estrangeira, o licitante brasileiro igualmente poderá fazê-lo, conforme § 1º. No entanto, pelo § 2º, o pagamento feito ao licitante brasileiro eventualmente contratado em virtude de licitação será efetuado em moeda corrente nacional.

CAPÍTULO 2
CONTRATOS ADMINISTRATIVOS

A Lei 14.133/2021, como já dito, trata das regras gerais de licitações e contratos administrativos. Do art. 89 ao 154, são estabelecidas as regras relativas aos contratos administrativos, também com alterações significativas em comparação com a Lei 8.666/93.

2.1 FORMALIZAÇÃO DOS CONTRATOS

De acordo com o art. 89, os contratos da Lei deverão regular-se pelas suas cláusulas e pelos preceitos de direito público, e a eles serão aplicados, supletivamente, os princípios da teoria geral dos contratos e as disposições de direito privado.

> Mesma previsão do art. 54 da Lei 8.666/93.

Todo contrato deve mencionar alguns elementos essenciais, previstos no art. 89, § 1º quais sejam: nome das partes e de seus representantes, finalidade do contrato, ato que autorizou a sua lavratura, número do processo licitatório ou contratação direta que deu origem ao contrato, e a sujeição dos contratantes às normas da Lei 14.133/2021 e às cláusulas contratuais. Além disso, os contratos deverão estabelecer com clareza e precisão as condições para sua execução, expressas em cláusulas que definam os direitos, as obrigações e as responsabilidades das partes, em conformidade com os termos do edital de licitação e os da proposta vencedora ou com os termos do ato que autorizou a contratação direta e os da respectiva proposta, nos termos do § 2º.

> Previsão parecida com o art. 61 da Lei 8.666/93.

2.1.1 Convocação para assinatura do contrato

Depois da licitação, tendo sido declarado o licitante vencedor e homologada a licitação, a Administração convocará regularmente o licitante vencedor para assinar o termo de contrato (ou instrumento equivalente), dentro do prazo e nas condições estabelecidas no edital de licitação, sob pena de decair o direito de contratação, sem prejuízo das sanções previstas na lei, que serão analisadas em momento oportuno, conforme art. 90.

Caso o licitante tenha um motivo que justifique a prorrogação do prazo de convocação, o § 1º do art. 90 possibilita que o prazo seja prorrogado 1 vez, por igual período, desde que a parte solicite a prorrogação durante o transcurso do prazo, de forma justificada, desde que o motivo apresentado seja aceito pela Administração.

Quando o convocado não assinar o termo de contrato ou não aceitar ou não retirar o instrumento equivalente no prazo e nas condições estabelecidas, será facultado à Administração convocar os licitantes remanescentes, na ordem de classificação, para a celebração do contrato nas condições propostas pelo licitante vencedor. Tal previsão, do § 2º, ressalta que os licitantes remanescentes, ao serem convocados, deverão celebrar o contrato nas condições propostas pelo licitante vencedor, que foi considerada na licitação a melhor proposta.

> Importante alteração, pois a Lei 8.666/93 determina, em seu art. 64, § 2º, que a contratação dos licitantes remanescentes deve ocorrer com as condições da proposta do licitante vencedor.

O art. 90, § 4º estabelece que na hipótese de nenhum dos licitantes aceitar a contratação nos termos do § 2º, ou seja, aceitando as condições do licitante vencedor, a Administração, desde que observe o valor estimado e sua atualização nos termos do edital, poderá:

- I – convocar os licitantes remanescentes para negociação, na ordem de classificação, com vistas à obtenção de preço melhor, mesmo que acima do preço do adjudicatário;

  A Administração tenta negociar com o os demais licitantes, respeitando a ordem de classificação, com o objetivo de obter um preço melhor, mesmo que o preço esteja acima do preço do licitante vencedor (adjudicatário).

- II – adjudicar e celebrar o contrato nas condições ofertadas pelos licitantes remanescentes, atendida a ordem classificatória, quando frustrada a negociação de melhor condição.

  Se não for possível obter uma condição melhor na negociação citada no inciso I, é possível que seja adjudicada a licitação e celebrado o contrato com base nas condições ofertadas pelos licitantes remanescentes, atendida a ordem classificatória.

De acordo com o art. 90, § 5º, caso o adjudicatário, que foi o licitante vencedor, se recuse injustificadamente em assinar o contrato (ou em aceitar ou retirar o instrumento equivalente) dentro do prazo estabelecido, isso será caracterizado com descumprimento total da obrigação assumida, e estará sujeito às penalidades legalmente estabelecidas e à imediata perda da garantia de proposta em favor do órgão ou entidade licitante, conforme também previsto no art. 58, § 3º.

No entanto, vale ressaltar que tais sanções e perda de garantia do § 5º se aplicam apenas ao licitante vencedor que se recusa a firma o contrato, não sendo aplicado aos demais licitantes, que forem convocados para negociar com a Administração, como visto no art. 90, 4º, I.

Da mesma maneira que os licitantes remanescentes poderão ser convocados quando o adjudicatário se recusar a firmar o contrato, será facultada à Administração a convocação dos demais licitantes classificados quando o contrato administrativo, depois de firmado, vier a ser rescindido, para que seja contratado o remanescente da obra, do serviço ou do fornecimento objeto do contrato. De acordo com o art. 90, § 7º, deverão ser observados os mesmos critérios dos § § 2º e 4º do art. 90, ou seja, primeiro a Administração convoca os licitantes remanescentes, na ordem de classificação, para firmarem o contrato nas condições do licitante vencedor; caso ninguém aceite, a Administração tenta negociar para obter melhores condições; e, ao final, pode adjudicar e celebrar o contrato nas condições ofertadas pelos licitantes remanescentes, sendo claro que o contrato será proporcional ao que falta para a execução do contrato.

> O art. 64, § 3º, Lei 8.666/93 prevê que a liberação dos licitantes quando não houver convocação ocorrerá no prazo de 60 dias.

Ainda com relação à convocação, o § 3º do art. 90 prevê que decorrido o prazo de validade da proposta indicado no edital sem convocação para a contratação, ficarão os licitantes liberados dos compromissos assumidos.

2.1.2 Forma dos contratos

Nos termos do art. 91, os contratos e seus aditamentos terão forma escrita e serão juntados ao processo que tiver dado origem à contratação, divulgados e mantidos à disposição do público em sítio eletrônico oficial. No entanto, apesar de o *caput* estabelecer que, em regra, os contratos devem ser divulgados, o § 1º prevê que será admitida a manutenção em sigilo de contratos e termos aditivos quando imprescindível à segurança da sociedade e do Estado, nos termos da legislação que regula o acesso à informação.

Será admitida, nos termos do § 3º, a forma eletrônica na celebração de contratos e termos aditivos, atendidas as exigências previstas em regulamento.

Quando o contrato for relativo a direitos reais sobre imóveis, deverá ser formalizado por escritura pública lavrada em notas de tabelião, cujo teor deverá ser divulgado e mantido à disposição do público em sítio eletrônico oficial (art. 90, § 2º).

Ainda, o § 4º prevê que, antes de formalizar ou prorrogar o prazo de vigência do contrato, a Administração deverá verificar a regularidade fiscal do contratado, consultar o Cadastro Nacional de Empresas Inidôneas e Suspensas (Ceis) e o Cadastro Nacional de Empresas Punidas (Cnep), emitir as certidões negativas de inidoneidade, de impedimento e de débitos trabalhistas e juntá-las ao respectivo processo.

2.1.3 Cláusulas necessárias no contrato

O art. 92 estabelece cláusulas necessárias em todo o contrato administrativo, quais sejam:

> As cláusulas necessárias no contrato administrativo estão previstas no art. 55 da Lei 8.666/93, sendo várias cláusulas semelhantes ao previsto na Lei 14.133/2021, salvo a inclusão, no art. 92, do previsto nos incisos VI, IX, X, XI, XIII, XVII e XVIII.

*   I – o objeto e seus elementos característicos;

O objeto da contratação e seus elementos são necessários para se identificar o que está sendo contratado.

- II – a vinculação ao edital de licitação e à proposta do licitante vencedor ou ao ato que tiver autorizado a contratação direta e à respectiva proposta;

Tanto o contratante quando a Administração devem respeitar as regras do edital de licitação, da proposta vencedora e do ato que autorizou a contratação direta.

- III – a legislação aplicável à execução do contrato, inclusive quanto aos casos omissos;
- IV – o regime de execução ou a forma de fornecimento;

Como já visto em momento oportuno, o contrato pode ser executado de forma indireta por empreitada por preço unitário, empreitada por preço global, empreitada integral, contratação por tarefa, contratação integrada, contratação semi-integrada ou fornecimento e prestação de serviço associado. O regime deverá estar previsto no edital, assim como constar no contrato administrativo firmado, da mesma maneira que a forma de fornecimento.

- V – o preço e as condições de pagamento, os critérios, a data-base e a periodicidade do reajustamento de preços e os critérios de atualização monetária entre a data do adimplemento das obrigações e a do efetivo pagamento;

O contrato deverá prever o preço da contratação, assim como demais elementos que possam alterar o preço, conforme será tratado mais adiante na lei.

Conforme o § 3º do art. 92, independentemente do prazo de duração, o contrato deverá conter cláusula que estabeleça o índice de reajustamento de preço, com data-base vinculada à data do orçamento estimado, e poderá ser estabelecido mais de um índice específico ou setorial, em conformidade com a realidade de mercado dos respectivos insumos.

- VI – os critérios e a periodicidade da medição, quando for o caso, e o prazo para liquidação e para pagamento;

O art. 46, § 9º prevê que nos casos de regime de execução por empreitada por preço global, empreitada integral, contratação por tarefa, contratação integrada e contratação semi-integrada, será adotada sistemática de medição e pagamento associada à execução de etapas do cronograma físico-financeiro vinculadas ao cumprimento de metas de resultado. Assim, o contrato deverá estabelecer quais serão os critérios da medição e a sua periodicidade, e o prazo para liquidação e pagamento.

De acordo com o art. 92, § 5º, nos contratos de obras e serviços de engenharia, sempre que compatível com o regime de execução, a medição será mensal.

- VII – os prazos de início das etapas de execução, conclusão, entrega, observação e recebimento definitivo, quando for o caso;

Caso o contrato tenha sido firmado estabelecendo a execução por etapas, todos os prazos deverão constar do contrato, assim como sua conclusão, entrega, observação e recebimento definitivo, nos termos do art. 140, que será analisado posteriormente.

Conforme o art. 92, § 2º, a depender das peculiaridades do objeto e de seu regime de execução, o contrato poderá contar cláusula que preveja período antecedente à ordem de serviço para verificação de providências a serem tomadas antes do início da execução do contrato, para garantir que no momento em que se iniciar a execução todas as pendências já estejam sanadas. O § 3º prevê as regras de reajustamento nos contratos de serviços contínuos.

- VIII – o crédito pelo qual correrá a despesa, com a indicação da classificação funcional programática e da categoria econômica;

O art. 150 prevê que nenhuma contratação será feita sem a indicação dos créditos orçamentários para pagamento das parcelas contratuais vincendas no exercício em que for realizada a contratação, sob pena de nulidade do ato e de responsabilização de quem lhe tiver dado causa.

- IX – a matriz de risco, quando for o caso;

De acordo com o art. 22, já analisado, o edital da licitação poderá contemplar matriz de alocação de riscos entre o contratante e o contratado, que irá promover a alocação eficiente dos riscos de cada contrato e estabelecer a responsabilidade que caiba a cada parte contratante. Se for o caso de ter se estabelecido a matriz de riscos, ela deve constar no contrato.

A alocação de riscos também será tratada no art. 103.

- X – o prazo para resposta ao pedido de repactuação de preços, quando for o caso;

Conforme o art. 92, § 6º, nos contratos para serviços contínuos com regime de dedicação exclusiva de mão de obra ou com predominância de mão de obra, o prazo para resposta ao pedido de repactuação de preços será preferencialmente de 1 (um) mês, contado da data do fornecimento da documentação prevista no § 6º do art. 135 desta Lei.

- XI – o prazo para resposta ao pedido de restabelecimento do equilíbrio econômico-financeiro, quando for o caso;

O contrato poderá ter que ser alterado para se restabelecer o equilíbrio econômico-financeiro, conforme previsões que serão analisadas da Lei 14.133/2021. O prazo para resposta do pedido deverá estar previsto no edital.

- XII – as garantias oferecidas para assegurar sua plena execução, quando exigidas, inclusive as que forem oferecidas pelo contratado no caso de antecipação de valores a título de pagamento;

86 NOVA LEI DE LICITAÇÃO • Flávia Campos

A critério da autoridade competente, em cada caso, poderá ser exigida, mediante previsão no edital, prestação de garantia nas contratações de obras, serviços e fornecimentos, nos termos do art. 96. Quando for o caso, essas garantias oferecidas deverão estar previstas no contrato.

- XIII – o prazo de garantia mínima do objeto, observados os prazos mínimos estabelecidos nesta Lei e nas normas técnicas aplicáveis, e as condições de manutenção e assistência técnica, quando for o caso;

Se o bem a ser fornecido tiver prazo de garantia para sua assistência técnica, tal prazo e todas as outras regras deverão estar previstas no contrato.

- XIV – os direitos e as responsabilidades das partes, as penalidades cabíveis e os valores das multas e suas bases de cálculo;

Tanto contratado quanto a Administração terão direitos e obrigações, que deverão estar previstos no contrato.

- XV – as condições de importação e a data e a taxa de câmbio para conversão, quando for o caso;

- XVI – a obrigação do contratado de manter, durante toda a execução do contrato, em compatibilidade com as obrigações por ele assumidas, todas as condições exigidas para a habilitação na licitação, ou para a qualificação, na contratação direta;

As exigências de habilitação e qualificação não devem ser respeitadas apenas na licitação, pois o contratado deve manter as mesmas exigências durante toda a execução do contrato.

- XVII – a obrigação de o contratado cumprir as exigências de reserva de cargos prevista em lei, bem como em outras normas específicas, para pessoa com deficiência, para reabilitado da Previdência Social e para aprendiz;

De acordo com o art. 63, IV, será exigida do licitante declaração de que cumpre as exigências de reserva de cargos para pessoa com deficiência e para reabilitado da Previdência Social, previstas em lei e em outras normas específicas, tal previsão deve constar também no contrato. Caso o contratado deixe de cumprir tal obrigação de reserva de cargos, inclusive, o contrato será extinto, nos termos do art. 137, IX.

- XVIII – o modelo de gestão do contrato, observados os requisitos definidos em regulamento;

- XIX – os casos de extinção.

O contrato administrativo poderá vir a ser extinto nos termos do art. 137, que deverão constar do edital.

Além de todas essas cláusulas, o § 1º estabelece que os contratos celebrados pela Administração Pública com pessoas físicas ou jurídicas, inclusive as domici-

CAPÍTULO 2 • CONTRATOS ADMINISTRATIVOS 87

liadas no exterior, deverão conter cláusula que declare competente o foro da sede da Administração para dirimir qualquer questão contratual. No entanto, o próprio dispositivo prevê ressalvadas, nas seguintes hipóteses:

- I – licitação internacional para a aquisição de bens e serviços cujo pagamento seja feito com o produto de financiamento concedido por organismo financeiro internacional de que o Brasil faça parte ou por agência estrangeira de cooperação;

- II – contratação com empresa estrangeira para a compra de equipamentos fabricados e entregues no exterior precedida de autorização do Chefe do Poder Executivo;

- III – aquisição de bens e serviços realizada por unidades administrativas com sede no exterior.

2.1.4 Cessão dos direitos patrimoniais

> A cessão dos direitos patrimoniais está prevista no art. 111 da Lei 8.666/93.

O art. 93 estabelece que nas contratações de projetos ou de serviços técnicos especializados, inclusive daqueles que contemplem o desenvolvimento de programas e aplicações de internet para computadores, máquinas, equipamentos e dispositivos de tratamento e de comunicação da informação (software) – e a respectiva documentação técnica associada –, o autor deverá ceder todos os direitos patrimoniais a eles relativos para a Administração Pública, ou seja, quando firmado o contrato, o autor do projeto ou serviço técnico especializado passa para a Administração os direitos patrimoniais do projeto ou serviço de sua autoria.

Em virtude disso, tais projetos ou serviços técnicos poderão ser livremente utilizados e alterados pela Administração em outras ocasiões, sem necessidade de nova autorização de seu autor. Nos termos do § 3º do art. 93, quando a Administração alterar posteriormente o projeto, o autor deverá ser comunicado, e os registros serão promovidos nos órgãos ou entidades competentes.

De acordo com o § 1º, quando o projeto se referir a obra imaterial de caráter tecnológico, insuscetível de privilégio, a cessão de direitos incluirá o fornecimento de todos os dados, documentos e elementos de informação pertinentes à tecnologia.

Por fim, o § 2º prevê que é facultado à Administração Pública deixar de exigir a cessão de direitos quando o objeto da contratação envolver atividade de pesquisa e desenvolvimento de caráter científico, tecnológico ou de inovação, considerados os princípios e os mecanismos instituídos pela Lei 10.973/2004, que dispõe sobre incentivos à inovação e à pesquisa científica e tecnológica no ambiente produtivo

2.1.5 Divulgação do contrato

Nos termos do art. 94, a divulgação no Portal Nacional de Contratações Públicas (PNCP) é condição indispensável para a eficácia do contrato e de seus aditamentos e deverá ocorrer nos seguintes prazos, contados da data de sua assinatura:

> A forma de divulgação dos contratos e os respectivos prazos estão previstos no art. 61, parágrafo único, da Lei 8.66693, sendo que os prazos estabelecidos na Lei 14.133/2021 são diferentes.

- I – 20 (vinte) dias úteis, no caso de licitação;

- II – 10 (dez) dias úteis, no caso de contratação direta.

Quando o contrato for celebrado em caso de urgência, ele terá eficácia desde o momento de sua assinatura, no entanto, ainda assim, deverá ser publicado nos prazos acima previstos, sob pena de nulidade, conforme § 1º.

Nos casos de divulgação de contrato que tenha sido firmado por inexigibilidade, para a contratação de profissional do setor artístico, como analisado no art. 74, II, a divulgação deverá identificar os custos do cachê do artista, dos músicos ou da banda, quando houver, do transporte, da hospedagem, da infraestrutura, da logística do evento e das demais despesas específicas (art. 94, § 2º).

Por fim, o § 3º estabelece que no caso de obras, a Administração divulgará em sítio eletrônico oficial, em até 25 (vinte e cinco) dias úteis após a assinatura do contrato, os quantitativos e os preços unitários e totais que contratar. E, após a conclusão do contrato, deverá divulgar, em 45 dias úteis, os quantitativos executados e os preços praticados.

2.1.6 Obrigatoriedade do instrumento de contrato

Em regra, o instrumento de contrato é obrigatório, no entanto, o art. 95 estabelece hipóteses em que a Administração poderá substituí-lo por outro instrumento hábil, como carta-contrato, nota de empenho de despesa, autorização de compra ou ordem de execução de serviço:

> A Lei 8.666/93 3 estabelece, em seu art. 62, a obrigatoriedade do instrumento de contrato, assim como as exceções.

- I – dispensa de licitação em razão de valor;

   Como já analisado, a dispensa em virtude do valor está prevista nos incisos I e II do art. 75. Como o valor é mais baixo, pode ser dispensado o instrumento de contrato.

- II – compras com entrega imediata e integral dos bens adquiridos e dos quais não resultem obrigações futuras, inclusive quanto a assistência técnica, independentemente de seu valor.

   Independentemente do valor, as compras com entrega imediata e integral dos bens adquiridos e que não existam obrigações futuras, poderá ser dispensado o instrumento de contrato.

CAPÍTULO 2 • CONTRATOS ADMINISTRATIVOS

Nos termos do art. 6º, X, é considerada imediata a compra que tenha prazo de entrega de até 30 dias da ordem de fornecimento.

Nos termos do art. 95, § 2º, é nulo e de nenhum efeito o contrato verbal com a Administração, salvo o de pequenas compras ou o de prestação de serviços de pronto pagamento, assim entendidos aqueles de valor não superior a R$ 10.000,00 (dez mil reais).

> Importante alteração é com relação ao valor para possibilidade de contrato verbal que, na Lei 8.666/93, está previsto no art. 60, parágrafo único.

Por fim, às hipóteses de substituição do instrumento de contrato, aplica-se, no que couber, o disposto no art. 92 da lei.

2.2 EXIGÊNCIA DE GARANTIAS

É possível que o edital de licitação estabeleça a exigência de prestação de garantia por parte do contratado nas contratações de obras, serviços e fornecimentos, como forma de garantia que o contratado irá executar o contrato e cumprir com todas as suas obrigações.

> O art. 56 da Lei 8.666/93 estabelece a possibilidade de exigência de garantia, assim como suas modalidades.

Essa exigência de garantia deve ser estabelecida a critério da autoridade competente, de acordo com o art. 96. Importante ressaltar que essa garantia, prevista no referido dispositivo, visa garantir a execução do contrato administrativo, não se confundindo com a garantia prevista no art. 58, que é a garantia da proposta.

O art. 96, § 1º determina que caberá ao contratado fazer a opção por uma das seguintes modalidades de garantia:

- I – caução em dinheiro ou em títulos da dívida pública emitidos sob a forma escritural, mediante registro em sistema centralizado de liquidação e de custódia autorizado pelo Banco Central do Brasil, e avaliados por seus valores econômicos, conforme definido pelo Ministério da Economia;

- II – seguro-garantia;

  O seguro-garantia, nos termos do art. 6º, LIV, é o seguro que garante o fiel cumprimento das obrigações assumidas pelo contratado, através de apólice de seguro firmado com entidade especializada.

- III – fiança bancária emitida por banco ou instituição financeira devidamente autorizada a operar no País pelo Banco Central do Brasil.

A garantia será exigida para se firmar o contrato com a Administração, sendo que o art. 96, § 3º estabelece que o edital fixará prazo mínimo de 1 mês, contado da data de homologação da licitação e anterior à assinatura do contrato, para a prestação da garantia pelo contratado quando optar pelo seguro-garantia.

A garantia deve ser prestada antes da celebração do contrato e renovada ao longo de toda sua duração, no entanto, caso o contrato seja suspenso por ordem ou inadimplemento da Administração, o § 2º do art. 96 prevê que o contratado ficará desobrigado de renovar a garantia ou de endossar a apólice de seguro até a ordem de reinício da execução ou o adimplemento pela Administração.

De acordo com o art. 97, o seguro-garantia, hipótese prevista no § 1º, II, tem por objetivo garantir o fiel cumprimento das obrigações assumidas pelo contratado perante à Administração, inclusive as multas, os prejuízos e as indenizações decorrentes de inadimplemento. O prazo de vigência da apólice será igual ou superior ao prazo estabelecido no contrato principal e deverá acompanhar as modificações referentes à vigência deste mediante a emissão do respectivo endosso pela seguradora. O seguro-garantia continuará em vigor mesmo se o contratado não tiver pago o prêmio nas datas convencionadas.

Nos contratos de execução continuada ou de fornecimento contínuo de bens e serviços, será permitida a substituição da apólice de seguro-garantia na data de renovação ou de aniversário, desde que mantidas as mesmas condições e coberturas da apólice vigente e desde que nenhum período fique descoberto, salvo quando o contrato for suspenso por culpa da Administração, nos termos do § 2º do art. 96 desta Lei.

2.2.1 Valor da garantia

O art. 98 estabelece que nas contratações de obras, serviços e fornecimentos, a garantia poderá ser de até 5% (cinco por cento) do valor inicial do contrato, autorizada a majoração do percentual para até 10% (dez por cento), desde que justificada mediante análise da complexidade técnica e dos riscos envolvidos.

> Os valores previstos no art. 56, §§ 2º e 3º da Lei 8.666/93 são diferentes, sendo que a regra será de até 5%, e no caso de contratações de grande vulto, até 10%

Quando se tratar de contratações de serviços ou fornecimentos contínuos que tenham a duração maior que 1 ano, e nas subsequentes prorrogações, será utilizado o valor anual do contrato para definição e aplicação de tais percentuais.

O percentual para o cálculo da garantia será diferente, no entanto, quando se tratar de contratações de obras e serviços de engenharia de grande vulto (acima de R$200 milhões, em que ser exigida a prestação de garantia, na modalidade seguro-garantia em percentual equivalente a até 30% (trinta por cento) do valor inicial do contrato.

É possível que um contrato tenha a previsão de que a Administração deverá entregar bens ao contratado, hipóteses em que este ficará como depositária dos bens. O art. 101 estabelece que o valor dos bens deverá ser acrescido ao valor da garantia.

2.2.2 Liberação e restituição da garantia

Nos termos do art. 100, a garantia prestada pelo contratado será liberada ou restituída após a fiel execução do contrato ou após a sua extinção por culpa exclusiva da Administração e, quando em dinheiro, atualizada monetariamente.

CAPÍTULO 2 • CONTRATOS ADMINISTRATIVOS   **91**

2.2.3 Perda da garantia

Quando o contratado der causa à inexecução do contrato, levando à extinção por ato unilateral da Administração, a garantia prestada poderá ser executada para, nos termos do art. 139, III, como forma de ressarcir a Administração de eventuais prejuízos, pagamento de multas devidas à Administração, pagamento de verbas trabalhistas, fundiárias e previdenciárias, entre outros.

De acordo com o art. 102, na contratação de obras e serviços de engenharia, o edital poderá exigir a prestação da garantia na modalidade seguro-garantia e prever a obrigação de a seguradora, em caso de inadimplemento pelo contratado, assumir
> A Lei 8.666/93 não traz a previsão de que a seguradora pode assumir a execução do contrato.

a execução e concluir o objeto do contrato. A seguradora assumirá as obrigações do contratado, executando e concluindo o objeto do contrato, podendo, no entanto, de acordo com o III, subcontratar a conclusão do contrato, total ou parcialmente.

De acordo com o dispositivo, ao assumir o contrato, a seguradora deverá firme o contrato como interveniente anuente, podendo:

- a) ter livre acesso às instalações em que for executado o contrato principal;

- b) acompanhar a execução do contrato principal;

- c) ter acesso a auditoria técnica e contábil;

- d) requerer esclarecimentos ao responsável técnico pela obra ou pelo fornecimento.

O empenho, que é a promessa de pagamento pela execução do contrato, será emitida em nome da seguradora, ou a quem ela indicar para a conclusão do contrato e será autorizada desde que demonstrada sua regularidade fiscal.

Nos termos do parágrafo único do art. 102, caso a seguradora execute e conclua o objeto do contrato, estará isenta da obrigação de pagar a importância segurada indicada na apólice. Por outro lado, caso a seguradora não assuma a execução do contrato, pagará a integralidade da importância segurada indicada na apólice.

Por fim, quando for iniciado processo administrativo para apuração de descumprimento de cláusulas contratuais, o art. 137, § 4º determina que os emitentes das garantias devem ser notificados pelo contratante, para que tenham conhecimento de possível perda da garantia, caso seja confirmado o inadimplemento do contratado.

2.3 ALOCAÇÃO DE RISCOS

> A alocação de riscos, como já tratado anteriormente, não encontra previsão na Lei 8.666/93.

Como já analisado nos arts. 6º, XXVII e 22, é possível que o contrato tenha a previsão de matriz de alocação de riscos, que será uma cláusula contratual definidora de riscos e de responsabilidades entre as partes e caracterizadora do equilíbrio econômico-financeiro inicial do contrato, em termos de ônus financeiro decorrente de eventos supervenientes à contratação.

Nos termos do art. 103, o contrato poderá identificar os riscos contratuais previstos e presumíveis e prever matriz de alocação de riscos, alocando-os entre contratante e contratado, mediante indicação daqueles a serem assumidos pelo setor público ou pelo setor privado ou daqueles a serem compartilhados.

Essa alocação de riscos considerará, em compatibilidade com as obrigações e os encargos atribuídos às partes no contrato, a natureza do risco, o beneficiário das prestações a que se vincula e a capacidade de cada setor para melhor gerenciá-lo. Nos termos do § 3º, a alocação dos riscos contratuais será quantificada para fins de projeção dos reflexos de seus custos no valor estimado da contratação, sendo que os riscos que tenha cobertura oferecida por seguradoras serão preferencialmente transferidos ao contratado (§ 2º).

A matriz de alocação de riscos definirá o equilíbrio econômico-financeiro inicial do contrato em relação a eventos supervenientes e deverá ser observada na solução de eventuais pleitos das partes, conforme art. 103, § 4º.

Por fim, de acordo com o § 5º, sempre que atendidas as condições do contrato e da matriz de alocação de riscos, será considerado mantido o equilíbrio econômico-financeiro, renunciando as partes aos pedidos de restabelecimento do equilíbrio relacionados aos riscos assumidos, exceto no que se refere:

- I – às alterações unilaterais determinadas pela Administração, nas hipóteses do inciso I do caput do art. 124 desta Lei;

- II – ao aumento ou à redução, por legislação superveniente, dos tributos diretamente pagos pelo contratado em decorrência do contrato.

2.4 DURAÇÃO DOS CONTRATOS

O contrato administrativo deve, em regra, ter um prazo determinado, que estará previsto no edital e no próprio contrato. O art. 105 da Lei 14.133/2021 estabelece que a duração dos contratos regidos por esta Lei será a prevista em edital, e deverão ser observadas, no momento da contratação e a cada exercício financeiro, a disponibilidade de créditos orçamentários, bem como a previsão no plano plurianual, quando ultrapassar 1 (um) exercício financeiro.

> A duração dos contratos recebe tratamento diferente na Lei 8.666/93, visto que o art. 57 restringe, em regra, a duração dos contratos à vigência dos respectivos créditos orçamentários, salvo as exceções previstas no artigo.

De acordo com o art. 106, no caso de serviços e fornecimentos contínuos, que decorrem de necessidades permanentes ou prolongadas da Administração, é possível a celebração de contratos com prazo de até 5 anos, inclusive aplicando-se o disposto ao aluguel de equipamentos e à utilização de programas de informática, devendo ser observadas as seguintes diretrizes:

CAPÍTULO 2 • CONTRATOS ADMINISTRATIVOS   **93**

- I – a autoridade competente do órgão ou entidade contratante deverá atestar a maior vantagem econômica vislumbrada em razão da contratação plurianual;

A depender da situação, a contratação por um prazo maior que um ano pode trazer vantagem econômica para a Administração, devendo ser atestada essa vantagem.

- II – a Administração deverá atestar, no início da contratação e de cada exercício, a existência de créditos orçamentários vinculados à contratação e a vantagem em sua manutenção;

Como já visto, a Administração não pode firmar contratos que não tenham créditos orçamentários, da mesma maneira, deve apontar a existência desses créditos a cada exercício, caso o contrato dure mais que um ano.

- III – a Administração terá a opção de extinguir o contrato, sem ônus, quando não dispuser de créditos orçamentários para sua continuidade ou quando entender que o contrato não mais lhe oferece vantagem.

Essa extinção, de acordo com o § 1º, ocorrerá apenas na próxima data de aniversário do contrato e não poderá ocorrer em prazo inferior a 2 meses, contado da referida data.

Desde que haja previsão em edital e que a autoridade competente ateste que as condições e os preços permanecem vantajosos para a Administração, os contratos de serviços e fornecimentos contínuos poderão ser prorrogados sucessivamente, respeitada a vigência máxima decenal. Ainda, é permitida a negociação com o contratado ou a extinção contratual sem ônus para qualquer das partes (art. 107).

O art. 108 estabelece que a Administração poderá celebrar contratos com prazo de até 10 anos nas seguintes hipóteses:

- Bens e serviços produzidos ou prestados no país que envolvam, cumulativamente, alta complexidade tecnológica e defesa nacional (art. 75, IV, f)

- Materiais de uso das Forças Armadas, com exceção de materiais de uso pessoal e administrativo, quando houver necessidade de manter a padronização requerida pela estrutura de apoio logístico dos meios navais, aéreos e terrestres, mediante autorização por ato do comandante da força militar (art. 75, IV, g)

- Para contratação com vistas ao cumprimento do disposto nos arts. 3º, 3º-A, 4º, 5º e 20 da Lei 10.973, de 2 de dezembro de 2004, que dispõe sobre incentivos à inovação e à pesquisa científica e tecnológica no ambiente produtivo (art. 75, V)

- Para contratação que possa acarretar comprometimento da segurança nacional, nos casos` estabelecidos pelo Ministro de Estado da Defesa, mediante demanda dos comandos das Forças Armadas ou dos demais ministérios (art. 75, VI)

- Para contratação em que houver transferência de tecnologia de produtos estratégicos para o Sistema Único de Saúde (SUS), conforme elencados em ato da direção nacional do SUS, inclusive por ocasião da aquisição desses produtos durante as etapas de absorção tecnológica, e em valores compatíveis com aqueles definidos no instrumento firmado para a transferência de tecnologia (art. 75, XII)

- Para aquisição, por pessoa jurídica de direito público interno, de insumos estratégicos para a saúde produzidos por fundação que, regimental ou estatutariamente, tenha por finalidade apoiar órgão da Administração Pública direta, sua autarquia ou fundação em projetos de ensino, pesquisa, extensão, desenvolvimento institucional, científico e tecnológico e de estímulo à inovação, inclusive na gestão administrativa e financeira necessária à execução desses projetos, ou em parcerias que envolvam transferência de tecnologia de produtos estratégicos para o SUS, nos termos do inciso XII do caput deste artigo, e que tenha sido criada para esse fim específico em data anterior à entrada em vigor desta Lei, desde que o preço contratado seja compatível com o praticado no mercado (art. 75, XVI)

Quando a contratação gerar receita para a Administração e no contrato de eficiência, que gera economia para a Administração, o art. 110 estabelece os seguintes prazos:

- I – até 10 (dez) anos, nos contratos sem investimento;

- II – até 35 (trinta e cinco) anos, nos contratos com investimento, assim considerados aqueles que impliquem a elaboração de benfeitorias permanentes, realizadas exclusivamente a expensas do contratado, que serão revertidas ao patrimônio da Administração Pública ao término do contrato.

O art. 111 trata do prazo de duração do contrato que prevê a conclusão de escopo predefinido. O serviço contratado por escopo é aquele, nos termos do art. 6º, XVII, que impõe ao contratado o dever de realizar a prestação de um serviço específico em período predeterminado.

De acordo com o art. 111, o prazo de vigência será automaticamente prorrogado quando seu objeto não for concluído no período firmado no contrato.

Quando a não conclusão decorrer de culpa do contratado, o parágrafo único estabelece que o contratado será constituído em mora, aplicáveis a ele as respectivas sanções administrativas. Ainda, a Administração poderá optar pela extinção do contrato e, adotará as medidas admitidas em lei para a continuidade da execução contratual.

Outra hipótese prevista em lei, no art. 113, é quando o contrato for firmado sob o regime de fornecimento e prestação de serviço associado, que terá sua vigência máxima definida pela soma do prazo relativo ao fornecimento inicial ou à entrega da obra com o prazo relativo ao serviço de operação e manutenção, este limitado a 5 (cinco) anos contados da data de recebimento do objeto inicial, autorizada a prorrogação na forma do art. 107 desta Lei.

CAPÍTULO 2 • CONTRATOS ADMINISTRATIVOS | **95**

Nos termos do art. 114, o contrato que previr a operação continuada de sistemas estruturantes de tecnologia da informação poderá ter vigência máxima de 15 (quinze) anos.

Por fim, excepcionalmente, de acordo com o art. 109, a Administração poderá estabelecer a vigência por prazo indeterminado nos contratos em que seja usuária de serviço público oferecido em regime de monopólio, desde que comprovada, a cada exercício financeiro, a existência de créditos orçamentários vinculados à contratação.

> Importante alteração, visto que o art. 57, § 3º, Lei 8.666/93 veda o contrato com prazo de vigência indeterminado.

Ainda, os prazos contratuais previstos na Lei não excluem nem revogam os prazos contratuais previstos em lei especial.

2.5 EXECUÇÃO DOS CONTRATOS

O contrato administrativo firmado deve ser executado fielmente pelas partes, de acordo com as cláusulas avençadas e as normas da Lei 14.133/2021, e cada parte deverá responder pelas consequências de sua inexecução total ou parcial, conforme o art. 115.

O § 1º prevê que é proibido à Administração retardar imotivadamente a execução de obra ou serviço, ou de suas parcelas, inclusive na hipótese de posse do respectivo chefe do Poder Executivo ou de novo titular no órgão ou entidade contratante.

O §4º do art. 115 havia sido vetado pelo Presidente da República, no entanto o veto foi derrubado pelo Congresso Nacional. Assim, dispõe que nas contratações de obras e serviços de engenharia, sempre que a responsabilidade pelo licenciamento ambiental for da Administração, a manifestação prévia ou licença prévia, quando cabíveis, deverão ser obtidas antes da divulgação do edital.

Como já visto no art. 64, IV, durante a fase de habilitação deve ser exigida do licitante declaração de que cumpre as exigências de reserva de cargos para pessoa com deficiência e para reabilitado da Previdência Social, previstas em lei e em outras normas específicas. Nos termos do art. 116, essa reserva de vagas deve ser cumprida ao longo de toda a execução do contrato. Além disso, sempre que solicitado pela Administração, o contratado deverá comprovar o cumprimento da reserva de cargos, com a indicação dos empregados que preencherem as referidas vagas.

> Previsão parecida com o art. 66-A da Lei 8.666/93, salvo sobre o aprendiz, que não existe na Lei 8.666/93.

2.5.1 Impedimento, paralisação ou suspensão do contrato

Quando for o caso de impedimento, ordem de paralisação ou suspensão do contrato, o § 5º estabelece que o cronograma de execução será prorrogado automaticamente pelo tempo correspondente, anotadas tais circunstâncias mediante simples apostila. Isso porque não tem como exigir o cumprimento do cronograma antes especificado, se a execução do contrato foi paralisada ou suspensa.

NOVA LEI DE LICITAÇÃO • Flávia Campos

No caso de contratação de obras, se ocorrer essa paralisação ou suspensão da execução do contrato por mais de 1 mês, a Administração deverá divulgar, em sítio eletrônico oficial e em placa a ser afixada em local da obra de fácil visualização pelos cidadãos, aviso público de obra paralisada, com o motivo e o responsável pela inexecução temporária do objeto do contrato e a data prevista para o reinício da sua execução, sendo que os texto com essas informações devem ser elaborados pela Administração (art. 115, §§ 6º e 7º).

2.5.2 Fiscalização do contrato

Nos termos do art. 117, a execução do contrato deverá ser acompanhada e fiscalizada por 1 ou mais fiscais do contrato, representantes da Administração especialmente designados conforme requisitos estabelecidos no art. 7º, ou pelos respectivos substitutos. Ainda, é permitida a contratação de terceiros para assisti-los e subsidiá-los com informações pertinentes a essa atribuição.

> O art. 67 da Lei 8.666/93 estabelece como será feito o acompanhamento e fiscalização do contrato.

O fiscal do contrato anotará, em registro próprio, todas as ocorrências relacionadas à execução do contrato, determinando o que for necessário para a regularização das faltas ou dos defeitos observados. Ainda, deverá informar a seus superiores, em tempo hábil para a adoção das medidas convenientes, a situação que demandar decisão ou providência que ultrapasse sua competência.

O fiscal, nos termos do § 3º, será auxiliado pelos órgãos de assessoramento jurídico e de controle interno da Administração, que deverão dirimir dúvidas e subsidiá-lo com informações relevantes para prevenir riscos na execução contratual.

Como visto, é possível que sejam contratados terceiros para assistir o fiscal ou subsidiá-lo com informações. O § 4º prevê que a empresa ou o profissional contratado assumirá responsabilidade civil objetiva pela veracidade e pela precisão das informações prestadas, firmará termo de compromisso de confidencialidade e não poderá exercer atribuição própria e exclusiva de fiscal de contrato. Além disso, a contratação de terceiros não eximirá de responsabilidade o fiscal do contrato, nos limites das informações recebidas do terceiro contratado.

Nos termos do art. 118, o contratado deverá manter preposto aceito pela Administração no local da obra ou do serviço para representá-lo na execução do contrato.

2.5.3 Vícios, defeitos ou incorreções na execução do contrato

Caso se verificarem vícios, defeitos ou incorreções resultantes de sua execução ou de materiais empregados no objeto do contrato, o contratado será obrigado a reparar, corrigir, remover, reconstruir ou substituir, a suas expensas, no total ou em parte, o objeto do contrato que apresentar o problema (art. 119).

CAPÍTULO 2 • CONTRATOS ADMINISTRATIVOS **97**

Ainda, caso o contratado cause danos diretamente à Administração ou a terceiros em razão da execução do contrato, ele será responsável por tais danos, e essa responsabilidade não será excluída ou reduzida em virtude da fiscalização ou acompanhamento da Administração, nos termos do art. 120.

2.5.4 Responsabilidade pelos encargos trabalhistas, previdenciários, fiscais e comerciais

De acordo com o art. 121, o contratado será responsável pelos encargos trabalhistas, previdenciários, fiscais e comerciais resultantes da execução do contrato.

> A Lei 8.666/93 também trata da responsabilidade por estes encargos no art. 71.

Caso o contratado fique inadimplente em relação aos encargos trabalhistas, fiscais e comerciais, não será transferida à Administração a responsabilidade pelo seu pagamento e não poderá onerar o objeto do contrato nem restringir a regularização e o uso das obras e das edificações, inclusive perante o registro de imóveis, ressalvada a hipótese prevista no § 2º do art. 121.

Os contratos de serviços contínuos com regime de dedicação exclusiva de mão de obra são aqueles previstos no art. 6º, XVI, em que os empregados do contratado ficam à disposição nas dependências do contratante para a prestação dos serviços. Exclusivamente nesse caso, de acordo com o art. 121, § 2º, a Administração responderá solidariamente pelos encargos previdenciários e subsidiariamente pelos encargos trabalhistas se comprovada falha na fiscalização do cumprimento das obrigações do contratado.

> A responsabilidade solidária pelos encargos previdenciários já está prevista no art. 71, § 2º. Já a responsabilidade subsidiária pelos encargos trabalhistas no caso de falha na fiscalização é uma importante alteração, que já era entendimento do STF e foi incorporado ao texto da Lei 14.133/2021.

O § 3º prevê que para assegurar o cumprimento de obrigações trabalhistas pelo contratado, no caso das contratações de serviços contínuos com regime de dedicação exclusiva de mão de obra, a Administração, mediante disposição em edital ou em contrato, poderá, entre outras medidas:

- I – exigir caução, fiança bancária ou contratação de seguro-garantia com cobertura para verbas rescisórias inadimplidas;

- II – condicionar o pagamento à comprovação de quitação das obrigações trabalhistas vencidas relativas ao contrato;

- III – efetuar o depósito de valores em conta vinculada;

    De acordo com o § 4º, os valores depositados na referida conta vinculada são absolutamente impenhoráveis.

- IV – em caso de inadimplemento, efetuar diretamente o pagamento das verbas trabalhistas, que serão deduzidas do pagamento devido ao contratado;

- V – estabelecer que os valores destinados a férias, a décimo terceiro salário, a ausências legais e a verbas rescisórias dos empregados do contratado que participarem da execução dos serviços contratados serão pagos pelo contratante ao contratado somente na ocorrência do fato gerador.

Por fim, o recolhimento das contribuições previdenciárias observará o disposto no art. 31 da Lei 8.212, de 24 de julho de 1991, de acordo com o art. 121, § 5º.

2.5.5 Subcontratação

> A subcontratação está prevista no art. 72 da Lei 8.666/93; no entanto, a Lei 14.133/2021 prevê impedimentos em seus parágrafos.

A subcontratação ocorre quando o contrato transfere a execução de parte do contrato administrativo para outra pessoa. De acordo com o art. 122, na execução do contrato e sem prejuízo das responsabilidades contratuais e legais, o contratado poderá subcontratar partes da obra, do serviço ou do fornecimento até o limite autorizado, em cada caso, pela Administração.

Excepcionalmente, é possível, de acordo com o § 2º, que regulamento ou edital de licitação vede, restrinja ou estabeleça condições para a subcontratação.

Será também vedada a subcontratação de pessoa física ou jurídica, se aquela ou os dirigentes desta mantiverem vínculo de natureza técnica, comercial, econômica, financeira, trabalhista ou civil com dirigente do órgão ou entidade contratante ou com agente público que desempenhe função na licitação ou atue na fiscalização ou na gestão do contrato, ou se deles forem cônjuge, companheiro ou parente em linha reta, colateral, ou por afinidade, até o terceiro grau, devendo essa proibição constar expressamente do edital de licitação (§ 3º).

Caso seja permitida a subcontratação, o contratado apresentará à Administração documentação que comprove a capacidade técnica do subcontratado, que será avaliada e juntada aos autos do processo correspondente, nos termos do § 1º.

2.6 PRERROGATIVAS DA ADMINISTRAÇÃO

> As prerrogativas da Administração estão previstas no art. 58 da Lei 8.666/93.

O contrato administrativo se caracteriza por apresentar uma relação de verticalidade entre a Administração e o contratado, que se manifesta através das chamadas cláusulas exorbitantes. Cláusulas exorbitantes são as prerrogativas garantidas por lei à Administração, dando poderes a mais que a outra parte do contrato, o particular, não possui.

O art. 104 estabelece que a Administração, em virtude dessas prerrogativas, poderá:

- I – modificá-los, unilateralmente, para melhor adequação às finalidades de interesse público, respeitados os direitos do contratado;

As hipóteses de alteração unilateral do contrato pela Administração Pública estão no art. 124, I, da Lei 14.133/2021, e serão analisadas no próximo capítulo.

CAPÍTULO 2 • CONTRATOS ADMINISTRATIVOS **99**

Vale ressaltar que, de acordo com o § 1º, as cláusulas econômico-financeiras e monetárias dos contratos não poderão ser alteradas sem prévia concordância do contratado. Essas cláusulas econômico-financeiras, no entanto, deverão ser revistas, quando o objeto do contrato for alterado, para que se mantenha o equilíbrio contratual (§ 2º).

* II – extingui-los, unilateralmente, nos casos especificados nesta Lei;

As hipóteses de extinção do contrato administrativo estão enumeradas no art. 137 da nova lei de licitações, sendo que deverá ser garantido contraditório e ampla defesa para a extinção.

* III – fiscalizar sua execução;

Como já analisado no art. 117 da lei, a execução do contrato deverá ser acompanhada e fiscalizada por um ou mais fiscais do contrato. Essa fiscalização é um dever e um poder da Administração, não podendo o contratado se opor a ela.

* IV – aplicar sanções motivadas pela inexecução total ou parcial do ajuste;

Quando o contratado der causa à inexecução total ou parcial do contrato, serão aplicadas, nos termos do art. 156, sanções administrativas.

* V – ocupar provisoriamente bens móveis e imóveis e utilizar pessoal e serviços vinculados ao objeto do contrato nas hipóteses de:

a) risco à prestação de serviços essenciais;

b) necessidade de acautelar apuração administrativa de faltas contratuais pelo contratado, inclusive após extinção do contrato.

A ocupação provisória possibilita que a Administração ocupe bens e pessoal do contratado, nas hipóteses previstas.

2.7 ALTERAÇÃO DOS CONTRATOS E DOS PREÇOS

Os contratos administrativos podem ser alterados unilateralmente pela Administração (como visto no art. 104, I) e também por acordo entre as partes. O art. 124 prevê tais hipóteses, exigindo que a alteração ocorra com as devidas justificativas.

> O art. 65 da Lei 8.666/93 também prevê a alteração dos contratos de forma unilateral ou por acordo entre as partes.

2.7.1 Alteração unilateral do contrato

O art. 124, I, prevê as hipóteses de alteração do contrato unilateralmente pela Administração, que poderá ocorrer:

* a) quando houver modificação do projeto ou das especificações, para melhor adequação técnica a seus objetivos;

NOVA LEI DE LICITAÇÃO • Flávia Campos

- b) quando for necessária a modificação do valor contratual em decorrência de acréscimo ou diminuição quantitativa de seu objeto, nos limites permitidos por esta Lei;

Essa alteração unilateral não poderá transfigurar o objeto da contratação, nos termos do art. 126.

O art. 125 da lei estabelece limites para essa alteração unilateral. De acordo com o dispositivo, o contratado será obrigado a aceitar, nas mesmas condições contratuais, acréscimos ou supressões de até 25% (vinte e cinco por cento) do valor inicial

> Os limites da alteração unilateral são os mesmos do art. 65, § 1º, Lei 8.666/93.

atualizado do contrato que se fizerem nas obras, nos serviços ou nas compras, e, no caso de reforma de edifício ou de equipamento, o limite para os acréscimos será de 50% (cinquenta por cento).

Quando houver alteração contratual para supressão de obras, bens ou serviços, se o contratado já houver adquirido os materiais e os colocado no local dos trabalhos, estes deverão

> Mesmas previsões do art. 65, § § 4º e 5º, Lei 8.666/93.

ser pagos pela Administração pelos custos de aquisição regularmente comprovados e monetariamente reajustados, podendo caber indenização por outros danos eventualmente decorrentes da supressão, desde que regularmente comprovados, conforme previsão no art. 129.

Caso a alteração unilateral do contrato aumente ou diminua os encargos do contratado, a Administração deverá restabelecer, no mesmo termo aditivo, o equilíbrio econômico-financeiro inicial (art. 130).

2.7.2 Alteração do contrato por acordo entre as partes

De acordo com o art. 124, II, o contrato administrativo também poderá ser alterado por acordo entre as partes, nas seguintes hipóteses:

- a) quando conveniente a substituição da garantia de execução;
- b) quando necessária a modificação do regime de execução da obra ou do serviço, bem como do modo de fornecimento, em face de verificação técnica da inaplicabilidade dos termos contratuais originários;
- c) quando necessária a modificação da forma de pagamento por imposição de circunstâncias supervenientes, mantido o valor inicial atualizado e vedada a antecipação do pagamento em relação ao cronograma financeiro fixado sem a correspondente contraprestação de fornecimento de bens ou execução de obra ou serviço;
- d) para restabelecer o equilíbrio econômico-financeiro inicial do contrato em caso de força maior, caso fortuito ou fato do príncipe ou em decorrência de fatos imprevisíveis ou previsíveis de consequências incalculáveis, que inviabilizem a execução do contrato tal como pactuado, respeitada, em qualquer caso, a repartição objetiva de risco estabelecida no contrato.

CAPÍTULO 2 • CONTRATOS ADMINISTRATIVOS **101**

O art. 124, § 2º estabelece que deve se aplicar essa possibilidade de alteração quanto às contratações de obras e serviços de engenharia, quando a execução for obstada pelo atraso na conclusão de procedimentos de desapropriação, desocupação, servidão administrativa ou licenciamento ambiental, por circunstâncias alheias ao contratado.

Com relação ao equilíbrio econômico-financeiro do contrato, o art. 131 prevê que a extinção do contrato não configurará óbice para o reconhecimento do desequilíbrio econômico-financeiro, hipótese em que será concedida indenização por meio de termo indenizatório. De acordo com o parágrafo único, o pedido de restabelecimento do equilíbrio econômico-financeiro deverá ser formulado durante a vigência do contrato e antes de eventual prorrogação nos termos do art. 107 desta Lei.

2.7.3 Normas relativas à alteração do contrato

O art. 124, § 1º, prevê que caso a alteração do contrato seja decorrente de falhas de projetos, as alterações de contratos de obras e serviços de engenharia ensejarão a apuração de responsabilidade do responsável técnico e adoção das providências necessárias para o ressarcimento dos danos causados à Administração.

O termo aditivo é o instrumento que formaliza a alteração do contrato, e é condição para a execução, pelo contratado, das prestações determinadas pela Administração no curso da execução do contrato, salvo nos casos de justificada necessidade de antecipação de seus efeitos, hipótese em que a formalização deverá ocorrer no prazo máximo de 1 mês (art. 132).

Alguns registros, quando não caracterizarem alteração do contrato, podem ser realizados por simples apostila, dispensada a celebração de aditivo, como nas seguintes situações previstas no art. 136:

- I – variação do valor contratual para fazer face ao reajuste ou à repactuação de preços previstos no próprio contrato;

- II – atualizações, compensações ou penalizações financeiras decorrentes das condições de pagamento previstas no contrato;

- III – alterações na razão ou na denominação social do contratado;

- IV – empenho de dotações orçamentárias.

Ainda, o art. 133 estabelece que, nas hipóteses em que for adotada a contratação integrada ou semi-integrada, é vedada a alteração dos valores contratuais, exceto nos seguintes casos:

- I – para restabelecimento do equilíbrio econômico-financeiro decorrente de caso fortuito ou força maior;

- II – por necessidade de alteração do projeto ou das especificações para melhor adequação técnica aos objetivos da contratação, a pedido da Administração, desde que não decorrente de erros ou omissões por parte do contratado, observados os limites estabelecidos no art. 125 desta Lei;

- III – por necessidade de alteração do projeto nas contratações semi-integradas, nos termos do § 5º do art. 46 desta Lei;

O art. 46, § 5º é aquele que estabelece que na contratação semi-integrada é possível que o contratado proponha a modificação do projeto básico, desde que mediante prévia autorização da Administração.

- IV – por ocorrência de evento superveniente alocado na matriz de riscos como de responsabilidade da Administração.

2.7.4 Alteração dos preços

Nos termos do art. 134, os preços contratados serão alterados, para mais ou para menos, conforme o caso, se houver, após a data da apresentação da proposta, criação, alteração ou extinção de quaisquer tributos ou encargos legais ou a superveniência de disposições legais, com comprovada repercussão sobre os preços contratados.

Os preços podem ser alterados pelo reajustamento e pela repactuação.

O reajustamento, nos termos do art. 6º, LVIII, é a forma de manutenção do equilíbrio econômico-financeiro de contrato consistente na aplicação do índice de correção monetária previsto no contrato, que deve retratar a variação efetiva do custo de produção, admitida a adoção de índices específicos ou setoriais.

Já a repactuação (art. 6º, LIX), é a forma de manutenção do equilíbrio econômico-financeiro de contrato utilizada para serviços contínuos com regime de dedicação exclusiva de mão de obra ou predominância de mão de obra. Nos termos do art. 135, a repactuação ocorrerá mediante demonstração analítica da variação dos custos contratuais.

Essa repactuação terá como data vinculada à da apresentação da proposta, quando tiver ligação com custos decorrentes do mercado; ou ao acordo, à convenção coletiva ou ao dissídio coletivo ao qual a proposta esteja vinculada, para os custos de mão de obra.

Nos termos do § 3º, a repactuação deverá observar o interregno mínimo de 1 (um) ano, contado da data da apresentação da proposta ou da data da última repactuação. Ela poderá ser dividida em tantas parcelas quantas forem necessárias, observado o princípio da anualidade do reajuste de preços da contratação, podendo ser realizada em momentos distintos para discutir a variação de custos que tenham sua anualidade resultante em datas diferenciadas, como os decorrentes de mão de obra e os decorrentes dos insumos necessários à execução dos serviços (art. 135, § 4º).

Conforme previsto no § 6º, a repactuação será precedida de solicitação do contratado, acompanhada de demonstração analítica da variação dos custos, por meio de apresentação da planilha de custos e formação de preços, ou do novo acordo, convenção ou sentença normativa que fundamenta a repactuação.

> A Lei 8.666/93 usa a expressão "rescisão de contrato" e não "extinção de contrato", como feito na Lei 14.133/2021.
>
> Além disso, o art. 78, Lei 8.666/93 prevê todas as hipóteses de rescisão, não diferenciando as hipóteses em que a extinção será um direito do contratado. Já a Lei 14.133/2021 diferencia, trazendo hipóteses no art. 137, caput, e outras no art. 137, § 2°.

2.8 EXTINÇÃO DOS CONTRATOS ADMINISTRATIVOS

2.8.1 Hipóteses de extinção

O contrato administrativo poderá ser extinto, antes do fim do seu prazo de duração, nas hipóteses previstas em lei. O art. 137 prevê os motivos de extinção.

De acordo com o dispositivo, constituirão motivos para extinção do contrato, a qual deverá ser formalmente motivada nos autos do processo, assegurados o contraditório e a ampla defesa, as seguintes situações:

- I – não cumprimento ou cumprimento irregular de normas editalícias ou de cláusulas contratuais, de especificações, de projetos ou de prazos;
- II – desatendimento das determinações regulares emitidas pela autoridade designada para acompanhar e fiscalizar sua execução ou por autoridade superior;
- III – alteração social ou modificação da finalidade ou da estrutura da empresa que restrinja sua capacidade de concluir o contrato;
- IV – decretação de falência ou de insolvência civil, dissolução da sociedade ou falecimento do contratado;
- V – caso fortuito ou força maior, regularmente comprovados, impeditivos da execução do contrato;

- VI – atraso na obtenção da licença ambiental, ou impossibilidade de obtê-la, ou alteração substancial do anteprojeto que dela resultar, ainda que obtida no prazo previsto;

> Esta hipótese de extinção é uma inovação da nova lei, não encontrando previsão no art. 78 da Lei 8.666/93.

- VII – atraso na liberação das áreas sujeitas a desapropriação, a desocupação ou a servidão administrativa, ou impossibilidade de liberação dessas áreas;

> Esta hipótese de extinção é uma inovação da nova lei, não encontrando previsão no art. 78 da Lei 8.666/93.

- VIII – razões de interesse público, justificadas pela autoridade máxima do órgão ou da entidade contratante;
- IX – não cumprimento das obrigações relativas à reserva de cargos prevista em lei, bem como em outras normas específicas, para pessoa com deficiência, para reabilitado da Previdência Social ou para aprendiz.

> Apesar de a Lei 8.666/93 prever a reserva de cargos, o não cumprimento não está previsto no art. 78 da Lei 8.666/93 como uma das hipóteses de extinção do contrato.

Percebe-se que, nas hipóteses do caput, a extinção pode ser atribuída à culpa do contratado, como nos incisos I, II, III, IV, VI e IX. Por outro lado, pode ser que a extinção se dê por outras situações que não culpa do contratado, como nas hipóteses dos incisos V, VII e VIII. Em tais casos, o § 1º estabelece que o regulamento poderá especificar procedimentos e critérios para verificação da ocorrência dos motivos que levarão à extinção.

Além dessas hipóteses previstas no caput do art. 137, o § 2º estabelece situações em que uma atuação da Administração Pública levará à extinção do contrato. De acordo com o dispositivo, o contratado terá direito à extinção do contrato nas seguintes hipóteses:

- I – supressão, por parte da Administração, de obras, serviços ou compras que acarrete modificação do valor inicial do contrato além do limite permitido no art. 125 desta Lei;

> A Lei 8.666/93 prevê como hipótese de rescisão do contrato, no art. 78, XIV, a suspensão por prazo superior a 120 dias. Diferente do art. 137, § 2º, II e III.

- II – suspensão de execução do contrato, por ordem escrita da Administração, por prazo superior a 3 (três) meses;

- III – repetidas suspensões que totalizem 90 (noventa) dias úteis, independentemente do pagamento obrigatório de indenização pelas sucessivas e contratualmente imprevistas desmobilizações e mobilizações e outras previstas;

- IV – atraso superior a 2 (dois) meses, contado da emissão da nota fiscal, dos pagamentos ou de parcelas de pagamentos devidos pela Administração por despesas de obras, serviços ou fornecimentos;

> A Lei 8.666/93 prevê como hipótese de rescisão do contrato, no art. 78, XV, o atraso superior a 90 dias. Diferente do art. 137, § 2º, IV.

- V – não liberação pela Administração, nos prazos contratuais, de área, local ou objeto, para execução de obra, serviço ou fornecimento, e de fontes de materiais naturais especificadas no projeto, inclusive devido a atraso ou descumprimento das obrigações atribuídas pelo contrato à Administração relacionadas a desapropriação, a desocupação de áreas públicas ou a licenciamento ambiental.

No caso em que a extinção é direito do contratado, previstos nos incisos II, III e IV do § 2º, o § 3º estabelece que não serão admitidas em caso de calamidade pública, de grave perturbação da ordem interna ou de guerra, bem como quando decorrerem de ato ou fato que o contratado tenha praticado, do qual tenha participado ou para o qual tenha contribuído.

Além disso, ao contratado é assegurado o direito de optar pela suspensão do cumprimento das obrigações assumidas até a normalização da situação, admitido o restabelecimento do equilíbrio econômico-financeiro do contrato, na forma da alínea "d" do inciso II do caput do art. 124 da Lei 14.133/2021.

2.8.2 Extinção unilateral do contrato

Nos termos do art. 138, a extinção do contrato pode ser de três maneiras diferentes: unilateral, consensual ou por decisão arbitral ou judicial.

A extinção, nos termos do art. 138, I, poderá ser determinada por ato unilateral e escrito da Administração, exceto no caso de descumprimento decorrente de sua própria conduta.

No caso da extinção por ato unilateral da Administração Pública, o art. 138, § 1º prevê que esta deverá ser precedidas de autorização escrita e fundamentada da autoridade competente e reduzidas a termo no respectivo processo.

> As formas de extinção do contrato na Lei 8.666/93 estão previstas no art. 79.
>
> A Lei 14.133/2021 inova ao dispor que a extinção consensual pode se dar por conciliação, mediação ou comitê de resolução de disputas. Além disso, prevê a possibilidade de extinção por decisão arbitral, o que também não estava previsto na Lei 8.666/93.

Ainda, o art. 139 estabelece consequências para a extinção por ato da Administração. De acordo com o dispositivo, a extinção determinada por ato unilateral da Administração poderá acarretar, sem prejuízo das sanções previstas nesta Lei, as seguintes consequências:

- I – assunção imediata do objeto do contrato, no estado e local em que se encontrar, por ato próprio da Administração;

- II – ocupação e utilização do local, das instalações, dos equipamentos, do material e do pessoal empregados na execução do contrato e necessários à sua continuidade;

- III – execução da garantia contratual para:

  a) ressarcimento da Administração Pública por prejuízos decorrentes da não execução;

  b) pagamento de verbas trabalhistas, fundiárias e previdenciárias, quando cabível;

  c) pagamento das multas devidas à Administração Pública;

  d) exigência da assunção da execução e da conclusão do objeto do contrato pela seguradora, quando cabível;

- IV – retenção dos créditos decorrentes do contrato até o limite dos prejuízos causados à Administração Pública e das multas aplicadas.

De acordo com o § 1º, a assunção imediata do objeto do contrato e a ocupação e utilização do local, instalações, etc., ficará a critério da Administração, que poderá dar continuidade à obra ou ao serviço por execução direta ou indireta.

A ocupação e utilização do local, das instalações, dos equipamentos, do material e do pessoal empregados na execução do contrato e necessários à sua continuidade deve ser precedida de autorização expressa do Ministro de Estado, do secretário estadual ou do secretário municipal competente, conforme o caso, nos termos do art. 139, § 2º.

2.8.3 Extinção consensual do contrato

O art. 138, II, prevê que o contrato poderá ser extinto de forma consensual, por acordo entre as partes, por conciliação, por mediação ou por comitê de resolução de disputas, desde que haja interesse da Administração.

Nos termos do § 1º, essa extinção deverá ser precedida de autorização escrita e fundamentada da autoridade competente e reduzida a termo no respectivo processo.

2.8.4 Extinção do contrato por decisão arbitral ou por decisão judicial

Por fim, nos termos do art. 138, III, a extinção do contrato poderá ser determinada por decisão arbitral, em decorrência de cláusula compromissória ou compromisso arbitral, ou por decisão judicial.

Tal extinção poderá ocorrer quando a Administração der causa à extinção, isso porque o contratado não poderá extinguir unilateralmente o contrato, já que é uma prerrogativa dada pela lei apenas à Administração. Assim, o contratado deve pedir a extinção do contrato, que poderá ser realizada de forma amigável, como previsto no art. 138, II, ou através de decisão arbitral ou decisão judicial.

De acordo com o art. 138, § 2º, quando a extinção decorrer de culpa exclusiva da Administração, o contratado será ressarcido pelos prejuízos regularmente comprovados que houver sofrido e terá direito a:

I – devolução da garantia;

II – pagamentos devidos pela execução do contrato até a data de extinção;

III – pagamento do custo da desmobilização.

2.9 RECEBIMENTO DO OBJETO DO CONTRATO

O recebimento do objeto do contrato ocorrerá em momentos diferentes, a depender do tipo de contrato firmado, nos termos do art. 140, e será provisório ou definitivo.

> As hipóteses de recebimento do objeto do contrato estão previstas no art. 73 da Lei 8.666/93.

Em se tratando de obras e serviços, o objeto será recebido:

a) provisoriamente, pelo responsável por seu acompanhamento e fiscalização, mediante termo detalhado, quando verificado o cumprimento das exigências de caráter técnico;

b) definitivamente, por servidor ou comissão designada pela autoridade competente, mediante termo detalhado que comprove o atendimento das exigências contratuais.

Já quando se tratar de compras, o objeto será recebido:

a) provisoriamente, de forma sumária, pelo responsável por seu acompanhamento e fiscalização, com verificação posterior da conformidade do material com as exigências contratuais;

b) definitivamente, por servidor ou comissão designada pela autoridade competente, mediante termo detalhado que comprove o atendimento das exigências contratuais.

CAPÍTULO 2 • CONTRATOS ADMINISTRATIVOS **107**

Nos termos do § 2º do art. 140, o recebimento provisório ou definitivo não excluirá a responsabilidade civil pela solidez e pela segurança da obra ou serviço nem a responsabilidade ético-profissional pela perfeita execução do contrato, nos limites estabelecidos pela lei ou pelo contrato.

Em se tratando de projeto de obra, o recebimento definitivo pela Administração não eximirá o projetista ou o consultor da responsabilidade objetiva por todos os danos causados por falha de projeto, de acordo com o § 5º.

Ainda, quando se tratar de contrato de obra, o recebimento definitivo pela Administração não eximirá o contratado, pelo prazo mínimo de 5 (cinco) anos, admitida a previsão de prazo de garantia superior no edital e no contrato, da responsabilidade objetiva pela solidez e pela segurança dos materiais e dos serviços executados e pela funcionalidade da construção, da reforma, da recuperação ou da ampliação do bem imóvel, e, em caso de vício, defeito ou incorreção identificados, o contratado ficará responsável pela reparação, pela correção, pela reconstrução ou pela substituição necessárias (art. 140, § 6º).

Caso seja necessária a realização de testes, ensaios ou outras formas provas de aferir a boa execução do contrato, esses correrão por conta do contratado, salvo disposição contrária constante do edital ou de ato administrativo, conforme previsão no art. 140, § 4º.

Se o objeto estiver em desacordo com o contrato, o § 1º determina que ele poderá ser rejeitado, no todo ou em parte.

2.10 PAGAMENTO DO CONTRATO

De acordo com o art. 141, no dever de pagamento pela Administração, será observada a ordem cronológica para cada fonte diferenciada de recursos, subdividida nas seguintes categorias de contratos:

> O art. 5º da Lei 8.666/93 estabelece que o pagamento do contrato deve se dar por estas categorias de contrato e em ordem cronológica, salvo quando presentes relevantes razões de interesse público, no entanto, não estabelece quais seriam essas razões que justificariam a alteração da ordem cronológica.

- I – fornecimento de bens;
- II – locações;
- III – prestação de serviços;
- IV – realização de obras.

Essa ordem deve ser seguida, em regra, e a sua inobservância imotivada ensejará a apuração de responsabilidade do agente responsável, cabendo aos órgãos de controle a sua fiscalização (art. 141, § 2º).

No entanto, o § 1º do mesmo artigo estabelece que essa ordem cronológica poderá ser alterada, mediante prévia justificativa da autoridade competente e posterior comunicação ao órgão de controle interno da Administração e ao tribunal de contas competente, exclusivamente nas seguintes situações:

108 NOVA LEI DE LICITAÇÃO • Flávia Campos

- I – grave perturbação da ordem, situação de emergência ou calamidade pública;

- II – pagamento a microempresa, empresa de pequeno porte, agricultor familiar, produtor rural pessoa física, microempreendedor individual e sociedade cooperativa, desde que demonstrado o risco de descontinuidade do cumprimento do objeto do contrato;

- III – pagamento de serviços necessários ao funcionamento dos sistemas estruturantes, desde que demonstrado o risco de descontinuidade do cumprimento do objeto do contrato;

- IV – pagamento de direitos oriundos de contratos em caso de falência, recuperação judicial ou dissolução da empresa contratada;

- V – pagamento de contrato cujo objeto seja imprescindível para assegurar a integridade do patrimônio público ou para manter o funcionamento das atividades finalísticas do órgão ou entidade, quando demonstrado o risco de descontinuidade da prestação de serviço público de relevância ou o cumprimento da missão institucional.

Para possibilitar o controle do respeito da ordem cronológica de pagamento, o § 3º determina que o órgão ou entidade deverá disponibilizar, mensalmente, em seção específica de acesso à informação em seu sítio na internet, a ordem cronológica de seus pagamentos, bem como as justificativas que fundamentarem a eventual alteração dessa ordem.

O art. 142 prevê que disposição expressa no edital ou no contrato poderá prever pagamento em conta vinculada ou pagamento pela efetiva comprovação do fato gerador.

Caso ocorra controvérsia sobre a execução do objeto, quanto a dimensão, qualidade e quantidade, a parcela incontroversa deverá ser liberada no prazo previsto para pagamento (art. 143).

Quando se tratar de contratação de obras, fornecimentos e serviços, inclusive de engenharia, o art. 144 dispõe que poderá ser estabelecida remuneração variável vinculada ao desempenho do contratado, com base em metas, padrões de qualidade, critérios de sustentabilidade ambiental e prazos de entrega definidos no edital de licitação e no contrato. O § 2º do dispositivo determina que a utilização de remuneração variável será motivada e respeitará o limite orçamentário fixado pela Administração para a contratação.

2.10.1 Pagamento antecipado

Não será permitido o pagamento antecipado, total ou parcial, relativo a parcelas contratuais vinculadas ao fornecimento de bens, à execução de obras ou à prestação de serviços, nos termos do art. 145.

CAPÍTULO 2 • CONTRATOS ADMINISTRATIVOS

O § 1º do dispositivo determina que somente será permitida a antecipação de pagamento se propiciar sensível economia de recursos ou se representar condição indispensável para a obtenção do bem ou para a prestação do serviço, hipótese que deverá ser previamente justificada no processo licitatório e expressamente prevista no edital de licitação ou instrumento formal de contratação direta. Caso seja feito o pagamento antecipado, a Administração poderá exigir a prestação de garantia adicional como condição para o pagamento.

Caso o objeto do contrato não seja executado no prazo contratual, o valor antecipado deverá ser devolvido para a Administração.

A liquidação da despesa é a verificação do direito adquirido pelo credor tendo por base os títulos e documentos comprobatórios do respectivo crédito. De acordo com o art. 146 da Lei 14.133/2021, no ato de liquidação da despesa, os serviços de contabilidade comunicarão aos órgãos da administração tributária as características da despesa e os valores pagos, conforme o disposto no art. 63 da Lei 4.320, de 17 de março de 1964.

2.11 NULIDADE DOS CONTRATOS

O contrato administrativo será considerado nulo quando apresentar irregularidades na licitação ou na execução contratual. De acordo com o art. 147, constatada irregularidade no procedimento licitatório ou na execução contratual, deve-se analisar se é possível ou não o saneamento da irregularidade. Caso não seja possível o saneamento, a decisão sobre a suspensão da execução ou sobre a declaração de nulidade do contrato somente será adotada na hipótese em que se revelar medida de interesse público.

> Importante inovação da Lei 14.133/2021, pois o art. 49 da Lei 8.666/93 prevê que, nos casos de ilegalidade, o contrato deve ser anulado, sem a previsão das hipóteses em que se garantirá a continuidade do contrato.

Para se identificar que a suspensão ou anulação do contrato é medida de interesse público, deve-se avaliar, entre outros, dos seguintes aspectos:

- I – impactos econômicos e financeiros decorrentes do atraso na fruição dos benefícios do objeto do contrato;

- II – riscos sociais, ambientais e à segurança da população local decorrentes do atraso na fruição dos benefícios do objeto do contrato;

- III – motivação social e ambiental do contrato;

- IV – custo da deterioração ou da perda das parcelas executadas;

- V – despesa necessária à preservação das instalações e dos serviços já executados;

- VI – despesa inerente à desmobilização e ao posterior retorno às atividades;

- VII – medidas efetivamente adotadas pelo titular do órgão ou entidade para o saneamento dos indícios de irregularidades apontados;

- VIII – custo total e estágio de execução física e financeira dos contratos, dos convênios, das obras ou das parcelas envolvidas;

- IX – fechamento de postos de trabalho diretos e indiretos em razão da paralisação;

- X – custo para realização de nova licitação ou celebração de novo contrato;

- XI – custo de oportunidade do capital durante o período de paralisação.

Portanto, é possível que, apesar de ter irregularidades, não ocorra a paralisação ou anulação do contrato, quando esta não se revelar medida de interesse público. De acordo com o parágrafo único do art. 147, o poder público deverá optar pela continuidade do contrato e pela solução da irregularidade por meio de indenização por perdas e danos, sem prejuízo da apuração de responsabilidade e da aplicação de penalidades cabíveis.

O art. 148 da Lei 14.133/2021 prevê que a declaração de nulidade do contrato administrativo requererá análise prévia do interesse público envolvido, na forma do art. 147, e operará retroativamente, impedindo os efeitos jurídicos que o contrato deveria produzir ordinariamente e desconstituindo os já produzidos.

Caso não seja possível o retorno à situação fática anterior, a nulidade será resolvida pela indenização por perdas e danos, sem prejuízo da apuração de responsabilidade e aplicação das penalidades cabíveis (art. 148, § 1º).

Apesar de o caput do art. 148 estabelecer que a declaração de nulidade deve ocorrer retroativamente, o seu § 2º estabelece que, ao declarar a nulidade do contrato, a autoridade pode decidir que ela só tenha eficácia em momento futuro, como forma de garantir a continuidade da atividade administrativa.

> A Lei 8.666/93 não traz a previsão de possibilidade de declaração de nulidade com eficácia em momento futuro.

A eficácia futura da declaração de nulidade deverá ser suficiente para efetuar uma nova contratação, no prazo de até 6 meses, prorrogável uma única vez.

Importante ressaltar que, de acordo com o art. 149, a nulidade não exonerará a Administração do dever de indenizar o contratado pelo que houver executado até a data em que for declarada ou tornada eficaz, bem como por outros prejuízos

> Mesma previsão do art. 59, parágrafo único, Lei 8.666/93.

regularmente comprovados, desde que não lhe seja imputável, e será promovida a responsabilização de quem lhe tenha dado causa.

Como já visto, todo contrato administrativo deve ter a caracterização adequada do seu objeto e indicar os créditos orçamentários. Caso a contratação seja feita sem tais elementos, o art. 150 estabelece que se trata de caso de nulidade do ato, devendo ainda ocorrer a responsabilização de quem lhe tiver dado causa.

2.12 MEIOS ALTERNATIVOS DE RESOLUÇÃO DE CONTROVÉRSIAS

O art. 151 prevê que, nas contratações regidas pela Lei 14.133/2021, poderão ser utilizados meios alternativos de prevenção e resolução de controvérsias, notadamente a conciliação, a mediação, o comitê de resolução de disputas e a arbitragem, no que tange às controvérsias relacionadas a direitos patrimoniais disponíveis, como as questões relacionadas ao restabelecimento do equilíbrio econômico-financeiro do contrato, ao inadimplemento de obrigações contratuais por quaisquer das partes e ao cálculo de indenizações.

> Importante inovação da Lei 14.133/2021 é a previsão da aplicação dos meios alternativos de resolução de controvérsias. Apesar de previstos em outras normas, a Lei 8.666/93 não traz expressamente essa previsão.

Para isso, os contratos poderão ser aditados para permitir a adoção dos meios alternativos de solução de controvérsias, conforme art. 153.

Nesses termos, como já visto, a extinção do contrato poderá ser consensual, conforme previsto no art. 138, II, em que será feito acordo entre as partes, por conciliação, por mediação ou por comitê de resolução de disputas, desde que haja interesse da Administração. Por outro lado, o art. 138, III prevê a extinção do contrato que poderá ser determinada por decisão arbitral, quando houver cláusula compromissória ou compromisso arbitral.

A arbitragem, nos termos do art. 152, será sempre de direito, ou seja, fundamentada em regras de direito, e observará o princípio da publicidade.

Por fim, o art. 154 prevê que o processo de escolha dos árbitros, dos colegiados arbitrais e dos comitês de resolução de disputas observará critérios isonômicos, técnicos e transparentes.

2.12 MEIOS ALTERNATIVOS DE RESOLUÇÃO DE CONTROVÉRSIAS

O art. 151 prevê que, nas contratações regidas pela Lei 14.133/2021, poderão ser utilizados meios alternativos de prevenção e resolução de controvérsias, notadamente a conciliação, a mediação, o comitê de resolução de disputas e a arbitragem, no que tange às controvérsias relacionadas a direitos patrimoniais disponíveis, como as questões relacionadas ao restabelecimento do equilíbrio econômico-financeiro do contrato, ao inadimplemento de obrigações contratuais por quaisquer das partes e ao cálculo de indenizações.

Para isso, os contratos poderão ser adequados para permitir a adoção dos meios alternativos de solução de controvérsias, conforme art. 153.

Nesses termos, como já visto, a extinção do contrato poderá ser consensual conforme previsto no art. 138, II, em que será feito acordo entre as partes, por conciliação, por mediação ou por comitê de resolução de disputas, desde que haja interesse da Administração. Por outro lado, o art. 138, III prevê a extinção do contrato que poderá ser determinada por decisão arbitral, quando houver cláusula compromissória ou compromisso arbitral.

A arbitragem, nos termos do art. 152, será sempre de direito, ou seja, fundamentada em regras de direito, e observará o princípio da publicidade.

Por fim, o art. 154 prevê que o processo de escolha dos árbitros, dos colegiados arbitrais e dos comitês de resolução de disputas observará critérios isonômicos, técnicos e transparentes.

Capítulo 3
IRREGULARIDADES NA LICITAÇÃO OU NO CONTRATO ADMINISTRATIVO

3.1 INFRAÇÕES E SANÇÕES ADMINISTRATIVAS

Analisadas as regras aplicáveis ao processo licitatório e a formalização e execução dos contratos administrativos, a Lei 14.133/2021 passa, em seguida, a analisar as irregularidades que podem ocorrer, assim como suas consequências.

3.1.1 Infrações no processo licitatório ou contrato administrativos

O art. 155 estabelece que o licitante ou o <u>contratado será</u> responsabilizado administrativamente pelas seguintes infrações:

> A Lei 8.666/93 não traz, expressamente, quais seriam as infrações que poderiam ser cometidas por licitante ou contratado.

- I – dar causa à inexecução parcial do contrato;

- II – dar causa à inexecução parcial do contrato que cause grave dano à Administração, ao funcionamento dos serviços públicos ou ao interesse coletivo;

- III – dar causa à inexecução total do contrato;

- IV – deixar de entregar a documentação exigida para o certame;

- V – não manter a proposta, salvo em decorrência de fato superveniente devidamente justificado;

- VI – não celebrar o contrato ou não entregar a documentação exigida para a contratação, quando convocado dentro do prazo de validade de sua proposta;

- VII – ensejar o retardamento da execução ou da entrega do objeto da licitação sem motivo justificado;

- VIII – apresentar declaração ou documentação falsa exigida para o certame ou prestar declaração falsa durante a licitação ou a execução do contrato;

- IX – fraudar a licitação ou praticar ato fraudulento na execução do contrato;

- X – comportar-se de modo inidôneo ou cometer fraude de qualquer natureza;

- XI – praticar atos ilícitos com vistas a frustrar os objetivos da licitação;

- XII – praticar ato lesivo previsto no art. 5º da Lei 12.846, de 1º de agosto de 2013.

Esse dispositivo da Lei 12.846/2013 (Lei Anticorrupção) estabelece os atos lesivos à Administração Pública nacional ou estrangeira.

O atraso injustificado na execução do contrato sujeitará o contratado a multa de mora, na forma prevista em edital ou em contrato (art. 162). No entanto, a aplicação da multa de mora não impedirá que a Administração a converta em compensatória e promova a extinção unilateral do contrato com a aplicação cumulada das outras sanções previstas na lei.

3.1.2 Sanções administrativas

Caso seja cometida uma das infrações previstas no art. 155, serão aplicadas ao responsável as seguintes sanções previstas no art. 156:

I – advertência;

II – multa;

III – impedimento de licitar e contratar;

IV – declaração de inidoneidade para licitar ou contratar.

> Apesar de a Lei 8.666/93 trazer, em seu art. 87, as mesmas quatro penalidades da Lei 14.133/2021, a nova lei traz importantes inovações, como as hipóteses em que cada uma das sanções serão aplicadas.

A advertência, nos termos do art. 156, § 2º, será aplicada exclusivamente pela inexecução parcial do contrato (art. 155, I) quando não se justificar a imposição de penalidade mais grave.

A multa será calculada na forma do edital ou do contrato e não poderá ser inferior a 0,5% nem superior a 30% do valor do contrato licitado ou celebrado com contratação direta, conforme § 3º. Essa sanção poderá ser aplicada ao responsável

> A Lei 8.666/93 não estabelece o valor da multa.

por qualquer das infrações administrativas previstas no art. 155 desta Lei. Ainda, a multa é a única sanção que poderá ser aplicada cumulativamente com uma das outras sanções do art. 156, conforme previsto no § 7º.

O impedimento de licitar e contratar, de acordo com o art. 156, § 4º, impedirá o responsável de licitar ou contratar no âmbito da Administração Pública direta e indireta do ente federativo que tiver aplicado a sanção, pelo prazo máximo de 3 (três) anos.

> A Lei 8.666/93 usava a expressão "suspensão temporária de participação em licitação e impedimento de contratar" para essa penalidade, e estabelecia o prazo não superior a 2 anos.

Essa sanção será aplicada ao responsável pelas infrações administrativas previstas nos incisos II, III, IV, V, VI e VII do caput do art. 155, quando não se justificar a imposição de penalidade mais grave. Quando ensejar penalidade mais grave, será aplicada a declaração de inidoneidade.

Por fim, a declaração de inidoneidade para licitar ou contratar impedirá o responsável de licitar ou contratar no âmbito da Administração Pública direta e indireta de todos os

CAPÍTULO 3 • IRREGULARIDADES NA LICITAÇÃO OU NO CONTRATO ADMINISTRATIVO

entes federativos, pelo prazo mínimo de 3 (três) anos e máximo de 6 (seis) anos, nos termos do art. 156, § 5º.

> A Lei 8.666/93, ao prever a declaração de inidoneidade, não traz o prazo de 3 a 6 anos.

A declaração de inidoneidade será aplicada ao responsável pelas infrações administrativas previstas nos incisos VIII, IX, X, XI e XII do caput do art. 155, bem como pelas infrações administrativas previstas nos incisos II, III, IV, V, VI e VII do caput do referido artigo que justifiquem a imposição de penalidade mais grave que a sanção de impedimento de licitar e contratar.

Como essa declaração é a penalidade mais grave, o § 6º determina que ela deverá ser precedida de análise jurídica. Além da análise jurídica, deve ser observada a competência exclusiva para a aplicação da penalidade. Quando for aplicada por órgão do Poder Executivo, será de competência exclusiva de Ministro de Estado, de Secretário Estadual ou de Secretário Municipal. Quando for aplicada por autarquia ou fundação, será de competência da autoridade máxima da entidade. Quando for aplicada por órgãos dos Poderes Legislativo e Judiciário, pelo Ministério Público e pela Defensoria Pública no desempenho da função administrativa, será de competência exclusiva de autoridade de nível hierárquico equivalente às autoridades referidas no inciso I deste parágrafo, na forma de regulamento.

O art. 156, § 1º prevê que, na aplicação das sanções administrativa, serão considerados:

- I – a natureza e a gravidade da infração cometida;
- II – as peculiaridades do caso concreto;
- III – as circunstâncias agravantes ou atenuantes;
- IV – os danos que dela provierem para a Administração Pública;
- V – a implantação ou o aperfeiçoamento de programa de integridade, conforme normas e orientações dos órgãos de controle.

Nos termos do § 9º, a aplicação das sanções previstas no caput deste artigo não exclui, em hipótese alguma, a obrigação de reparação integral do dano causado à Administração Pública.

A multa e as indenizações cabíveis devem ser descontadas do valor que a Administração tiver que pagar para o contratado. Caso a multa e as indenizações cabíveis forem superiores ao valor de pagamento eventualmente devido pela Administração ao contratado, além da perda desse valor, a diferença será descontada da garantia prestada ou será cobrada judicialmente (art. 156, § 8º).

3.1.3 Procedimento para aplicação das penalidades

> A Lei 8.666/93 não estabelece o procedimento para a aplicação das penalidades.

O art. 157 estabelece que quando for aplicável a sanção de multa (art. 156, II), será facultada a defesa do interessado no prazo de 15 (quinze) dias úteis, contado da data de sua intimação.

116 | NOVA LEI DE LICITAÇÃO • Flávia Campos

Já no caso da aplicação das sanções de impedimento de licitar e contratar ou declaração de inidoneidade para licitar ou contratar, deverá ser requerida a instauração de processo de responsabilização, a ser conduzido por comissão composta de 2 (dois) ou mais servidores estáveis, que avaliará fatos e circunstâncias conhecidos e intimará o licitante ou o contratado para, no prazo de 15 (quinze) dias úteis, contado da data de intimação, apresentar defesa escrita e especificar as provas que pretenda produzir, conforme art. 158.

Na hipótese de deferimento de pedido de produção de novas provas ou de juntada de provas julgadas indispensáveis pela comissão, o licitante ou o contratado poderá apresentar alegações finais no prazo de 15 (quinze) dias úteis, contado da data da intimação, conforme previsto no § 2º. Serão indeferidas pela comissão, mediante decisão fundamentada, provas ilícitas, impertinentes, desnecessárias, protelatórias ou intempestivas (art. 158, § 3º).

Como previsto no caput do art. 158, o processo de responsabilização deverá ser conduzido por comissão composta de pelo menos 2 servidores estáveis. No entanto, caso o órgão ou entidade não seja formado de servidores estatutários, o § 1º determina que essa comissão será composta de 2 (dois) ou mais empregados públicos pertencentes aos seus quadros permanentes, preferencialmente com, no mínimo, 3 (três) anos de tempo de serviço no órgão ou entidade.

A prescrição para a aplicação das sanções administrativas previstas na lei ocorrerá em 5 anos, contados da ciência da infração pela Administração, conforme art. 158, § 4º.

> Importante previsão da Lei 14.133/2021, visto que a Lei 8.666/93 não traz a previsão de prazo de prescrição.

O prazo de prescrição será interrompido pela instauração do processo de responsabilização. Por outro lado, o prazo de prescrição será suspenso nos casos de celebração de acordo de leniência (previsto na Lei 12.846/2013) ou por decisão judicial que inviabilize a conclusão da apuração administrativa.

Quando os atos previstos como infrações administrativas também sejam tipificados como atos lesivos na Lei Anticorrupção (Lei 12.846/2013), serão apurados e julgados conjuntamente, nos mesmos autos, observados o rito procedimental e a autoridade competente definidos na referida Lei (art. 159).

> Importante inovação da nova lei. Apesar de outras normas já estabelecerem a possibilidade da desconsideração da personalidade jurídica, a Lei 8.666/93 não traz essa previsão.

De acordo com o art. 160, a personalidade jurídica poderá ser desconsiderada sempre que utilizada com abuso do direito para facilitar, encobrir ou dissimular a prática dos atos ilícitos previstos nesta Lei ou para provocar confusão patrimonial. Assim, todos os efeitos das sanções aplicadas à pessoa jurídica serão estendidos aos seus administradores e sócios com poderes de administração, a pessoa jurídica sucessora ou a empresa do mesmo ramo com relação de coligação ou controle, de fato ou de direito, com o sancionado, observados, em todos os casos, o contraditório, a ampla defesa e a obrigatoriedade de análise jurídica prévia.

CAPÍTULO 3 • IRREGULARIDADES NA LICITAÇÃO OU NO CONTRATO ADMINISTRATIVO **117**

Quando forem aplicadas as sanções administrativas previstas na Lei 14.133/2021, o seu art. 161 determina que os órgãos e entidades dos Poderes Executivo, Legislativo e Judiciário de todos os entes federativos deverão, no prazo máximo 15 (quinze) dias úteis, contado da data de aplicação da sanção, informar e manter atualizados os dados relativos às sanções por eles aplicadas, para fins de publicidade no Cadastro Nacional de Empresas Inidôneas e Suspensas (Ceis) e no Cadastro Nacional de Empresas Punidas (Cnep), instituídos no âmbito do Poder Executivo federal.

3.1.4 Reabilitação do licitante ou contratado

De acordo com o art. 163, é admitida a reabilitação do licitante ou contratado perante a própria autoridade que aplicou a penalidade, exigidos, cumulativamente:

- I – reparação integral do dano causado à Administração Pública;

- II – pagamento da multa;

> Apesar de Lei 8.666/93 trazer a previsão da possibilidade de reabilitação, no art. 87, IV, não traz a previsão dos requisitos para que ela ocorra.

- III – transcurso do prazo mínimo de 1 (um) ano da aplicação da penalidade, no caso de impedimento de licitar e contratar, ou de 3 (três) anos da aplicação da penalidade, no caso de declaração de inidoneidade;

- IV – cumprimento das condições de reabilitação definidas no ato punitivo;

- V – análise jurídica prévia, com posicionamento conclusivo quanto ao cumprimento dos requisitos definidos neste artigo.

A sanção aplicada em virtude da apresentação de declaração ou documentação falsa exigida para o certame, a prestação de declaração falsa durante a licitação ou execução do contrato (art. 155, VIII) e em virtude da prática de ato lesivo previsto no art. 5º da Lei 12.846/2013 exigirá, como condição de reabilitação do licitante ou contratado, a implantação ou aperfeiçoamento de programa de integridade pelo responsável (art. 163, parágrafo único).

3.2 IMPUGNAÇÕES, PEDIDOS DE ESCLARECIMENTO E RECURSOS

A Lei 14.133/2021 prevê, nos arts. 164 a 168, a possibilidade de impugnação ao edital, de pedido de esclarecimento também os recursos administrativos cabíveis em virtude dos atos da licitação.

3.2.1 Impugnação ao edital e pedido de esclarecimentos

Nos termos do art. 164, qualquer pessoa pode impugnar edital de licitação por irregularidade na aplicação desta Lei ou para solicitar esclarecimento sobre os seus termos, devendo protocolar o pedido até 3 (três) dias úteis antes da data de

118 NOVA LEI DE LICITAÇÃO • FLÁVIA CAMPOS

abertura do certame. A resposta à impugnação ou pedido de esclarecimento deverá ser divulgada em sítio eletrônico oficial no prazo de até 3 dias úteis, limitado ao último dia útil anterior à data da abertura do certame.

> O art. 41, § 1º da Lei 8.666/93 prevê que qualquer cidadão é parte legítima para impugnar o edital, no entanto, o prazo é de 5 dias úteis, devendo a resposta ser em 3 dias úteis.

3.2.2 Recursos administrativos

O art. 165 prevê dois tipos de recurso em fase dos atos da Administração decorrentes da aplicação da lei: recurso hierárquico, no inciso I, e pedido de reconsideração, no inciso II.

De acordo com o art. 165, I, é cabível recurso, no prazo de 3 dias úteis, contado da data de intimação ou lavratura da ata, em face de:

> Os recursos estão previstos no art. 109 da Lei 8.666/93. A representação, prevista no art. 109, II, não tem previsão na Lei 14.133/2021.
>
> O recurso hierárquico, no art. 109, I, Lei 8.66693 tem prazo diferente, de 5 dias úteis.

- a) ato que defira ou indefira pedido de pré-qualificação de interessado ou de inscrição em registro cadastral, sua alteração ou cancelamento;
- b) julgamento das propostas;
- c) ato de habilitação ou inabilitação de licitante;
- d) anulação ou revogação da licitação;
- e) extinção do contrato, quando determinada por ato unilateral e escrito da Administração.

Quando o recurso for em virtude de julgamento das propostas ou contra ato de habilitação ou inabilitação de licitante, o § 1º estabelece que a intenção de recorrer deverá ser manifestada imediatamente, sob pena de preclusão. No entanto, o prazo para das razões recursais (3 dias úteis) será iniciado na data de intimação ou de lavratura da ata de habilitação ou inabilitação ou, na hipótese de adoção da inversão de fases do art. 17, § 1º (em que primeiro ocorre a habilitação e depois o julgamento), da ata de julgamento. A apreciação dos recursos dar-se-á em fase única.

Nas hipóteses do recurso hierárquico do inciso I, o § 2º estabelece que ele será dirigido à autoridade que tiver editado o ato ou proferido a decisão recorrida, que, se não reconsiderar o ato ou a decisão no prazo de 3 (três) dias úteis, encaminhará o recurso com a sua motivação à autoridade superior, a qual deverá proferir sua decisão no prazo máximo de 10 (dez) dias úteis, contado do recebimento dos autos.

Tanto no recurso hierárquico quanto no pedido de reconsideração, o § 4º estabelece que o prazo para apresentação de contrarrazões será o mesmo do recurso e terá início na data de intimação pessoal ou de divulgação da interposição do recurso. Ainda, o § 3º prevê que caso o recurso seja acolhido, serão invalidados apenas os atos insuscetíveis de aproveitamento.

CAPÍTULO 3 • IRREGULARIDADES NA LICITAÇÃO OU NO CONTRATO ADMINISTRATIVO — 119

Além do recurso hierárquico, o art. 165, II, determina que caberá pedido de reconsideração, no prazo de 3 (três) dias úteis, contado da data de intimação, relativamente a ato do qual não caiba recurso hierárquico.

> O pedido de reconsideração, previsto no art. 109, III, Lei 8.666/93, tem prazo diferente do previsto na nova lei.

Outro recurso previsto no art. 166 é o recurso em virtude da aplicação das penalidades de advertência, multa e impedimento de licitar ou contratar com a Administração. Tal recurso será cabível no prazo de 15 dias úteis, contado da data da intimação.

O recurso será dirigido à autoridade que tiver proferido a decisão recorrida, que, se não a reconsiderar no prazo de 5 (cinco) dias úteis, encaminhará o recurso com sua motivação à autoridade superior, a qual deverá proferir sua decisão no prazo máximo de 20 (vinte) dias úteis, contado do recebimento dos autos.

Já quando for aplicada a penalidade de declaração de inidoneidade para licitar ou contratar, o art. 167 estabelece que será cabível apenas pedido de reconsideração, que deverá ser apresentado no prazo de 15 (quinze) dias úteis, contado da data da intimação, e decidido no prazo máximo de 20 (vinte) dias úteis, contado do seu recebimento.

Por fim, o art. 168 estabelece que o recurso e o pedido de reconsideração terão efeito suspensivo do ato ou da decisão recorrida até que sobrevenha decisão final da autoridade competente. A autoridade competente para decidir será auxiliada pelo órgão de assessoramento jurídico, que deverá dirimir dúvidas e subsidiá-la com as informações necessárias (art. 169).

3.3 CONTROLE DAS CONTRATAÇÕES

A Lei 14.133/2021 prevê os mecanismos de controle das contratações públicas, de forma a garantir que essas contratações sejam realizadas em conformidade com a lei, sem causar prejuízo à Administração.

O art. 169 determina que as contratações públicas deverão submeter-se a práticas contínuas e permanentes de gestão de riscos e de controle preventivo, inclusive mediante adoção de recursos de tecnologia da informação, estando sujeitas também ao controle social. De acordo com o dispositivo, as contratações públicas estarão sujeitas às seguintes linhas de defesa:

> A previsão dos mecanismos de controle das contratações públicas é uma importante inovação na Lei 14.133/2021, que demonstra a preocupação da lei com a prevenção de irregularidades.

- I – primeira linha de defesa, integrada por servidores e empregados públicos, agentes de licitação e autoridades que atuam na estrutura de governança do órgão ou entidade;

- II – segunda linha de defesa, integrada pelas unidades de assessoramento jurídico e de controle interno do próprio órgão ou entidade;

- III – terceira linha de defesa, integrada pelo órgão central de controle interno da Administração e pelo tribunal de contas.

Conforme o § 3º, os integrantes destas linhas de defesa observarão o seguinte:

- I – quando constatarem simples impropriedade formal, adotarão medidas para o seu saneamento e para a mitigação de riscos de sua nova ocorrência, preferencialmente com o aperfeiçoamento dos controles preventivos e com a capacitação dos agentes públicos responsáveis;

- II – quando constatarem irregularidade que configure dano à Administração, sem prejuízo das medidas previstas no inciso I, adotarão as providências necessárias para a apuração das infrações administrativas, observadas a segregação de funções e a necessidade de individualização das condutas, bem como remeterão ao Ministério Público competente cópias dos documentos cabíveis para a apuração dos ilícitos de sua competência.

Para a realização de suas atividades, os órgãos de controle deverão ter acesso irrestrito aos documentos e às informações necessárias à realização dos trabalhos, inclusive aos documentos classificados pelo órgão ou entidade nos termos da Lei 12.527/2011, e o órgão de controle com o qual foi compartilhada eventual informação sigilosa tornar-se-á corresponsável pela manutenção do seu sigilo (§ 2º)

A implementação das práticas de controle ocorrerá de acordo com o previsto em regulamento, e será de responsabilidade da alta administração do órgão ou entidade e levará em consideração os custos e os benefícios decorrentes de sua implementação, optando-se pelas medidas que promovam relações íntegras e confiáveis, com segurança jurídica para todos os envolvidos, e que produzam o resultado mais vantajoso para a Administração, com eficiência, eficácia e efetividade nas contratações públicas (§ 1º).

Nos termos do art. 170, os órgãos de controle adotarão, na fiscalização dos atos previstos nesta Lei, critérios de oportunidade, materialidade, relevância e risco e considerarão as razões apresentadas pelos órgãos e entidades responsáveis e os resultados obtidos com a contratação, observado o disposto no § 3º do art. 169 desta Lei. Essas razões deverão ser encaminhadas aos órgãos de controle até a conclusão da fase de instrução do processo e não poderão ser desentranhadas dos autos.

A omissão na prestação das informações não impedirá as deliberações dos órgãos de controle nem retardará a aplicação de qualquer de seus prazos de tramitação e de deliberação.

Conforme o art. 170, § 4º, qualquer licitante, contratado ou pessoa física ou jurídica poderá representar aos órgãos de controle interno ou ao tribunal de contas competente contra irregularidades na aplicação desta Lei.

Por fim, o art. 171 estabelece que na fiscalização de controle será observado o seguinte:

- I – viabilização de oportunidade de manifestação aos gestores sobre possíveis propostas de encaminhamento que terão impacto significativo nas rotinas de trabalho dos órgãos e entidades fiscalizados, a fim de que eles disponibilizem subsídios para avaliação prévia da relação entre custo e benefício dessas possíveis proposições;

- II – adoção de procedimentos objetivos e imparciais e elaboração de relatórios tecnicamente fundamentados, baseados exclusivamente nas evidências obtidas e organizados de acordo com as normas de auditoria do respectivo órgão de controle, de modo a evitar que interesses pessoais e interpretações tendenciosas interfiram na apresentação e no tratamento dos fatos levantados;

- III – definição de objetivos, nos regimes de empreitada por preço global, empreitada integral, contratação semi-integrada e contratação integrada, atendidos os requisitos técnicos, legais, orçamentários e financeiros, de acordo com as finalidades da contratação, devendo, ainda, ser perquirida a conformidade do preço global com os parâmetros de mercado para o objeto contratado, considerada inclusive a dimensão geográfica.

O tribunal de contas poderá determinar a suspensão cautelar do processo licitatório, devendo pronunciar-se definitivamente sobre o mérito da irregularidade que tenha dado causa à suspensão no prazo de 25 (vinte e cinco) dias úteis, prorrogável por igual período uma única vez, e definirá objetivamente as causas da ordem de suspensão e o modo como será garantido o atendimento do interesse público obstado pela suspensão da licitação, no caso de objetos essenciais ou de contratação por emergência, conforme o art. 171, § 2º.

De acordo com o § 2º, ao ser intimado da ordem de suspensão do processo licitatório, o órgão ou entidade deverá, no prazo de 10 (dez) dias úteis, admitida a prorrogação, informar as medidas adotadas para cumprimento da decisão, prestar todas as informações\cabíveis, e proceder à apuração de responsabilidade, se for o caso. O descumprimento ensejará a apuração de responsabilidade e a obrigação de reparação do prejuízo causado ao erário

A decisão que examinar o mérito da medida cautelar deverá definir as medidas necessárias e adequadas, em face das alternativas possíveis, para o saneamento do processo licitatório, ou determinar a sua anulação, de acordo com o § 3º.

Além da atuação de controle, o art. 173 estabelece que os tribunais de contas deverão, por meio de suas escolas de contas, promover eventos de capacitação para os servidores efetivos e empregados públicos designados para o desempenho das funções essenciais à execução desta Lei, incluídos cursos presenciais e a distância, redes de aprendizagem, seminários e congressos sobre contratações públicas.

> Como já analisado, o Portal Nacional de Contratações Públicas é uma importante inovação na Lei 14.133/2021.

Capítulo 4
PORTAL NACIONAL DE CONTRATAÇÕES PÚBLICAS

Como já citado no art. 54, a publicidade do edital de licitação será realizada mediante divulgação e manutenção do inteiro teor do ato convocatório e de seus anexos no Portal Nacional de Contratações Públicas (PNCP), que de acordo com o art. 174, § 4º, adotará o formato de dados abertos e observará as exigências previstas na Lei 12.527/2011.

O art. 174 estabelece a criação deste PNCP, sítio eletrônico oficial destinado à:

- I – divulgação centralizada e obrigatória dos atos exigidos por esta Lei;

  A divulgação dos atos da lei no PNCP é obrigatória, para todos os entes federativos, para garantir que a divulgação seja centralizada.

- II – realização facultativa das contratações pelos órgãos e entidades dos Poderes Executivo, Legislativo e Judiciário de todos os entes federativos.

  Além da divulgação dos atos da lei, o PNCP terá funcionalidades que permitirá a realização das contratações pelo Portal. Para as contratações, a utilização do PNCP é facultativo, podendo os órgãos ou entidades dos entes federativos utilizarem essas funcionalidades ou realizar suas contratações em sítios eletrônicos próprios.

De acordo com o § 1º, o PNCP será gerido pelo Comitê Gestor da Rede Nacional de Contratações Públicas, a ser presidido por representante indicado pelo Presidente da República e composto de:

- I – 3 (três) representantes da União indicados pelo Presidente da República;

- II – 2 (dois) representantes dos Estados e do Distrito Federal indicados pelo Conselho Nacional de Secretários de Estado da Administração;

- III – 2 (dois) representantes dos Municípios indicados pela Confederação Nacional de Municípios.

Nos termos do § 2º, o PNCP conterá, entre outras, as seguintes informações acerca das contratações:

- I – planos de contratação anuais;
- II – catálogos eletrônicos de padronização;

- III – editais de credenciamento e de pré-qualificação, avisos de contratação direta e editais de licitação e respectivos anexos;
- IV – atas de registro de preços;
- V – contratos e termos aditivos;
- VI – notas fiscais eletrônicas, quando for o caso.

Dentre outras funcionalidades, o § 3º determina que o PNCP deverá oferecer:

- I – sistema de registro cadastral unificado;
- II – painel para consulta de preços, banco de preços em saúde e acesso à base nacional de notas fiscais eletrônicas;
- III – sistema de planejamento e gerenciamento de contratações, incluído o cadastro de atesto de cumprimento de obrigações previsto no § 4º do art. 88 desta Lei;
- IV – sistema eletrônico para a realização de sessões públicas;
- V – acesso ao Cadastro Nacional de Empresas Inidôneas e Suspensas (Ceis) e ao Cadastro Nacional de Empresas Punidas (Cnep);
- VI – sistema de gestão compartilhada com a sociedade de informações referentes à execução do contrato, que possibilite:
- envio, registro, armazenamento e divulgação de mensagens de texto ou imagens pelo interessado previamente identificado;
- acesso ao sistema informatizado de acompanhamento de obras a que se refere o inciso III do caput do art. 19 desta Lei;
- comunicação entre a população e representantes da Administração e do contratado designados para prestar as informações e esclarecimentos pertinentes, na forma de regulamento;
- divulgação, na forma de regulamento, de relatório final com informações sobre a consecução dos objetivos que tenham justificado a contratação e eventuais condutas a serem adotadas para o aprimoramento das atividades da Administração.

O art. 175 determina que, sem prejuízo do disposto no art. 174, os entes federativos poderão instituir sítio eletrônico oficial para divulgação complementar e realização das respectivas contratações. Desde que mantida a integração com o PNCP, as contratações poderão ser realizadas por meio de sistema eletrônico fornecido por pessoa jurídica de direito privado, na forma de regulamento.

O §2º do art. 175 determina que até 31 de dezembro de 2023, os Municípios deverão realizar divulgação complementar de suas contratações mediante publicação de extrato de edital de licitação em jornal diário de grande circulação local.

Esse parágrafo havia sido vetado pelo Presidente da República, porém o veto foi derrubado pelo Congresso Nacional.

Os Municípios com até 20.000 (vinte mil) habitantes, como pode ter mais dificuldade na implementação das regras dessa lei, terão, de acordo com o art. 176, o prazo de 6 (seis) anos, contado da data de publicação desta Lei, para cumprimento:

- I – dos requisitos estabelecidos no art. 7º e no caput do art. 8º desta Lei;
- II – da obrigatoriedade de realização da licitação sob a forma eletrônica a que se refere o § 2º do art. 17 desta Lei;
- III – das regras relativas à divulgação em sítio eletrônico oficial.

Enquanto não adotarem o PNCP, os Municípios a que se refere o caput deste artigo deverão:

- I – publicar, em diário oficial, as informações que esta Lei exige que sejam divulgadas em sítio eletrônico oficial, admitida a publicação de extrato;
- II – disponibilizar a versão física dos documentos em suas repartições, vedada a cobrança de qualquer valor, salvo o referente ao fornecimento de edital ou de cópia de documento, que não será superior ao custo de sua reprodução gráfica.

Capítulo 5
ALTERAÇÕES LEGISLATIVAS REALIZADAS PELA LEI 14.133/2021

Além de todas as previsões já analisadas da Lei 14.133/2021, a lei estabelece alterações em outras normas, como visto a seguir:

- Inclui o inciso IV no art. 1.048, CPC, estabelecendo prioridade de tramitação aos procedimentos judiciais em que se discuta a aplicação do disposto nas normas gerais de licitação e contratação a que se refere o inciso XXVII do caput do art. 22 da Constituição Federal.

- Inclui os arts. 337-E a 337-P no Código Penal, incluindo os Crimes em Licitações e Contratos Administrativos. Assim, os tipos penais passam a integrar o próprio Código Penal, e não mais a lei de licitações e contratos.

- Altera os incisos II e III do art. 2º da Lei 8.987/95, estabelecendo a concorrência ou diálogo competitivo como possíveis modalidades de licitação para contratos de concessão de serviços públicos.

- Altera o art. 10 da Lei 11.079/04, estabelecendo a concorrência ou diálogo competitivo como possíveis modalidades de licitação para contratos de parcerias público-privadas.

CAPÍTULO 6
DISPOSIÇÕES TRANSITÓRIAS E FINAIS

Dentre as disposições transitórias e finais da Lei, previstas em seus arts. 181 a 194, importante ressaltar algumas.

6.1 CENTRAIS DE COMPRAS

De acordo com o art. 181, os entes federativos instituirão centrais de compras, com o objetivo de realizar compras em grande escala, para atender a diversos órgãos e entidades sob sua competência e atingir as finalidades desta Lei. No caso dos Municípios com até 10.000 (dez mil) habitantes, serão preferencialmente constituídos consórcios públicos para a realização destas atividades, nos termos da Lei 11.107/2005.

6.2 ATUALIZAÇÃO DOS VALORES FIXADOS NA LEI

Os valores fixados na lei deverão ser atualizados, a cada dia 1º de janeiro, pelo Poder Executivo federal, que o fará, nos termos do art. 182, pelo Índice Nacional de Preços ao Consumidor Amplo Especial (IPCA-E) ou por índice que venha a substituí-lo. Os valores atualizados serão divulgados no PNCP.

6.3 CONTAGEM DOS PRAZOS PREVISTOS NA LEI

O art. 183 estabelece como serão contados os prazos previstos na lei. De acordo com o dispositivo, os prazos serão contados com exclusão do dia do começo e inclusão do dia do vencimento. Os prazos expressos em dias corridos serão computados de modo contínuo; os prazos expressos em meses ou anos serão computados de data a data; e os prazos expressos em dias úteis, serão computados somente os dias em que ocorrer expediente administrativo no órgão ou entidade competente.

Quando a contagem for de meses ou anos, se no mês do vencimento não houver o dia equivalente àquele do início do prazo, considera-se como termo o último dia do mês, conforme § 3º.

De acordo com o § 1º, salvo disposição em contrário, considera-se dia do começo do prazo:

- I – o primeiro dia útil seguinte ao da disponibilização da informação na internet;
- II – a data de juntada aos autos do aviso de recebimento, quando a notificação for pelos correios.

Caso o vencimento do prazo caia em dia em que não houver expediente, se for encerrado antes da hora normal ou se houver indisponibilidade da comunicação eletrônica, o § 2º determina que deve se considerar o prazo prorrogado até o primeiro dia útil seguinte.

6.4 APLICAÇÃO DA LEI

As disposições da Lei deverão ser aplicadas, conforme art. 184, no que couber e na ausência de norma específica, aos convênios, acordos, ajustes e outros instrumentos congêneres celebrados por órgãos e entidades da Administração Pública, na forma estabelecida em regulamento do Poder Executivo federal.

Além disso, o art. 186 prevê a aplicação das disposições de Lei 14.133/2021 de forma subsidiária à lei de concessão de serviços públicos (Lei 8.987/95) e lei de parcerias público-privadas (Lei 11.079/04).

Ainda, o art. 185 estabelece que as alterações no Código Penal, com a criação dos tipos penais relativos às licitações e contratos administrativos, devem ser aplicadas às licitações e contratos regidos pela Lei 13.303/16, ou seja, às empresas públicas, sociedades de economia mista e suas subsidiárias.

O art. 186 determina que aplicam-se as disposições da lei subsidiariamente à Lei 8.987/1995, de concessões e permissões de serviço público, à Lei 11.079/ 2004, das parcerias público-privadas e à Lei 12.232/2010, de licitações e contratos de serviços de publicidade.

A União editará regulamentos para a execução da lei e, de acordo com o art. 187, os Estados, o Distrito Federal e os Municípios poderão aplicar estes regulamentos a suas licitações e contratos.

Por fim, o art. 189 dispõe que sempre que outras normas fizerem referência expressa à Lei 8.666/93, à Lei 10.520/02 e à Lei 12.462/1, deve ser aplicada a Lei 14.133/2021.

6.5 ESCOLHA DA LEI A SER APLICADA

Como já analisado, o art. 193, II, dispõe que as Leis 8.666/93, 10.520/02 e arts. 1º a 47-A da Lei 12.462/11 serão revogadas depois de dois anos da entrada em vigor da Lei 14.133/2021.

De acordo com o art. 191, durante os dois anos previstos no art. 193, a Administração poderá optar por licitar ou contratar diretamente de acordo com a Lei 14.133/2021 ou de acordo com as leis anteriores, e a opção escolhida deverá ser indicada expressamente no edital ou no aviso ou instrumento de contratação direta, vedada a aplicação combinada da Lei 14.133/2021 com as demais normas citadas.

Caso a Administração opte, durante o referido período, por licitar de acordo com as leis anteriores, o respectivo contrato será regido por suas regras durante toda a sua vigência.

Ainda, caso um contrato tenha sido assinado antes da entrada em vigor da Lei 14.133/2021, este continuará a ser regido de acordo com as regras previstas na legislação anterior, de acordo com o art. 190.

Por fim, o art. 192 determina que o contrato relativo a imóvel do patrimônio da União ou de suas autarquias e fundações continuará regido pela legislação pertinente, aplicada a Lei 14.133/2021 subsidiariamente.